過去の自分を振り返る人だけが成功する理由

あなたが望む
未来の鍵は
自分自身の中にある

藤由達藏
Tatsuzo Fujiyoshi

はじめに

はじめまして！　「夢の実現を応援する専門家」藤由達藏です。

さて、本書は「いかに効果的に行動し、成果をあげられるか」、その方法をお伝えするものです。特に、

「行動しているのに空回りしている気がする」

「頑張っているのに報われない」

「もっと効果的に成果をあげたい」

という方に向けて書かせていただきました。あなたがすでに持っている能力やチャンスに気づき、あなたらしい人生を送りながら、その人生を成功に導くために、精一杯の思いを込めて書かせていただいたものです。

中心となるのは、その成功を手に入れるための「振り返り」の技術です。

あなたは「振り返り」という言葉からどんなことを連想しますか？

「後ろ向きだ」

「面倒くさそうだ」

「後ろなど振り返らずに前向きに行動した方がいい」


一見もっともらしいですが、すべて間違いです。

「振り返り」があるからこそ、成功も失敗も未来に活かすことができるのです。

小さな振り返りから大きな振り返りまで、楽しく簡単にできる方法があります。

前向きという口ばかりの〝無鉄砲な根性論〟では、怪我をするだけです。

人生においてより大きな成果をあげたいのならば、効果的な「振り返り」が必要不可欠なのです。

事実、人生を有意義に歩んでいる人は、常に「振り返り」を行っています。

多くの人が行動を成果に結びつけられずにいるのは、「振り返り」ができていないからなのです。

「振り返り」を習慣化した人は、

・あらゆる行動をムダにせず、起きたことを効果的に活用できるようになります。
・危機を察知し、事前対応能力があがります。
・準備に怠りがなく、気が利くようになります。
・自分らしい生き方を、仕事に織り込むことができるようになります。

このように、本書で紹介する、夢を実現するための「振り返り」の技術は、あなたの人生の「質」を変えます！

本書があなたの素晴らしさと、すでに持っている知恵と価値に新たな気づきをもたらし、自分らしい人生を歩む一助となるならば、著者としてこれほど嬉しいことはありません。あなたの幸せと成功を心よりお祈りいたします。

夢実現応援家®　藤由達藏

目次

第2章

なぜ〝振り返る〟ことで夢が叶い、未来を変えられるのか …… 061

第3章

夢を叶え、未来を変える具体的な〝振り返り方〟とは？

第4章

〝振り返り〟を習慣化させる効果的な方法

第1章

〝振り返り〟とは、一体どんな効果があるのか

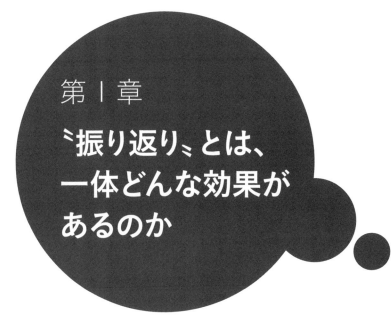

1. 前向きな努力が報われない時代

変化の速い時代の中で私たちは……

私たちは、世界的な激動の時期を生きています。ビジネス環境はものすごいスピードで変化し続け、日々新しい商品やサービス、システムが出現しています。

ＳＮＳしかり、動画配信サービスしかり、ネットを使ったライディングシェア配車サービス、民泊サービスしかり、ＩｏＴ、Ｆｉｎｔｅｃｈ、ブロックチェーンしかり……。

ついこの前まで存在しなかったサービスが、国の内外において知らぬ間に始まり、気がつけば世界中を席巻！　昨日までのビジネスが一夜にして、化石化してしまいかねない時代です。

サービスや商品は日進月歩ですが、そんな中でビジネスパーソンの心理や行動、人間関係の課題や悩みはいかがでしょうか。

世代によっても違いますが、細かく見ていけば一人ひとり環境が異なり、現実の受け止め方も違います。

それでもビジネスパーソンに共通しているのは、

「誰もが頑張っている。でも、どうも報われているように思えない」

という思いではないでしょうか。

諦めと絶望

ふざけている人はいません。

傍《はた》から見ると、怠けているように見える人もいるでしょう。しかし、本気で怠けようと思って怠けている人はいません。むしろ他人の目に映る自分の評価と、自分の頑張りとのギャップに傷つき、やがて自信を失っていき、やる気をなくしているというパターンの方が多いのではないでしょうか。

思うようにならない。しかも、収入は輪をかけて思うようにならない。企業人にとっては、どんなに口で褒められたとしても、給与額が最終的な評価であるということを知っています。

「自分の価値は、これくらいのものか……」

そう考えるとどうしても報われているとは感じられないのです。

望みと現実との乖離《かいり》があまりにも長く続いてきたために、いつしか希望や願望をもてないようになります。

「夢？　そんなものどこにあるんだい？」

生まれてこのかた、夢も希望もなかったかのような顔になってしまいます。

しかし、そんなはずはありません。子どもの頃のことを振り返って思い出して下さい。将来、大人になったら何をしようか、こんなことをしてみたい、あんなこともやってみたいと胸を膨らませていたはずです。

就職活動をしていた頃には、自己分析、企業研究、ＳＷＯＴ分析、自己プレゼンなど、徹底的に自分を磨いていたことでしょう。それは就職して、夢や希望を叶えたかったからではありませんか？

社会人になったときもそうだったはずです。入社時の挨拶をしたときに、何がしかの夢や希望を語っていませんでしたか？　しかし、今はどうでしょうか。

「どうにもうまくいかない」
「会社なんてそんなもんだ」
「仕事なんてそんなもんだ」

いつしか諦めと絶望の日々に陥っていませんか？

「いや、そんなことはない！　もっとましな環境ならば、自分にだってチャンスはある。ただ、今は環境が整っていないから、高望みしたって仕方ないんだ！」

そうでしょうか。洞窟の中で嵐がやむのを待つ太古の人類みたいなことを言って、環境が変わるのを待つのですか？　他人が変わってくれるのを待つのですか？　もはやできることは何もない。それでいいのですか？

ビジネスパーソンは、夢や希望を描けなくなった人が多く、自分が絶望しているということに気づいていません。

絶望にも、軽いものから深いものまでさまざまです。

そのため、左記のような状態の人が多くなっています。

疲れても働く

日本人はよく働きます。体に鞭《むち》打って働きます。その結果、働きすぎてしまうのです。自分の体が悲鳴をあげていても気づきません。体調がすぐれなくても薬を飲んでやりすごし、休むということをしません。

疲労の蓄積は心身に影響をもたらし、事故や病気を引き起こします。制度的な「働き方改革」は、しかるべき担当者が取り組むべきことですが、一人ひとりは、まず「自分の心身の状態に気づかない」という事態を改善すべきです。

そうしなければ、制度の改善をしたところで根本的な問題は解決しないでしょう。

自信を失う

日々、山のような仕事を与えられたり、無理難題を課せられていると、なかなか思うような成果をあげることができません。当然、上司からは叱責《しっせき》されたり、事細かな指導を受けることになります。


「とにかく、言われたとおりに動け！」

「逐一報告しろ！」

「自分勝手に判断するな！」

「考える前に動け！」


このようなことを言われ続けるうちに、自分の価値を低く見積もるようになります。


「組織内での知識レベルや価値が低く、自分の価値も低い」

「いつ首を切られても仕方のない存在だ」

「この会社でこんな成績なのだから、他社に行っても通用しないだろう……」


しだいに自信を失ってしまうのです。そしていつしか、昔から自分は何をやってもダメな存在だったのだと思い込んでしまいます。

確かに、今の環境ではあまり力を発揮できていない人もいるかもしれません。それでも、これまでのことを振り返ってみたら、たくさんのことを成し遂げてきたはずです。一つひとつ思い出す機会もそうないので、まったく「ダメ人間なんだ」などと思い込んでしまいます。夢も希望も描けなくなるのは当然です。

すべてが仕事！　人生を楽しめない！

社会に出て、組織や仕事に合った自分なりの価値観を身につけるのは、大変なことです。それ以前の価値観とは異なる新しい価値観を身につけるのですから、相当な努力が必要です。組織や仕事の方向性に合わせて報酬の制度も用意され、目のつけどころを教わり、求められる成果は何なのかを叩き込まれます。

組織やその仕事にとっては、求める成果が達成されたら、悦《よろこ》ばしいのです。だから成果をあげると、

「おめでとう！」

と祝福されるのです。ランキングにおいてトップ3の氏名が社内で公表されたり、賞与や昇給に結びついたり、休暇やご褒美旅行などを贈るところもあります。

その結果、組織や仕事の求める成果をあげることが、仕事の悦びであると思い込むことになります。もちろん成果をあげることは悦ばしいのですが、成果があがらなければ、仕事の悦びは得られません。

一人ひとりの「悦び発生の仕組み」は違っている

組織や仕事を主として考えれば、成果があがると悦びを感じられるということの「悦び発生の仕組み」は望ましいのですが、働く一人ひとりの個人的立場から見たらどうでしょうか。

私たちは、皆さまざまな悦び発生の仕組みを持っています。競争するのが好きな人もいれば、ゲームが無性に好きな人もいます。おしゃべりするのが楽しい人もいれば、何かをつくることに没頭する人もいます。

しかし組織に属し、一つの仕事に従事するうちに、自分の中の悦び発生の仕組みが、成果をあげることだけになってしまうことがあるのです。

それが満たされなければ、人生はまったく楽しくなくなってしまう。そんな風になると、人生はとてもつまらなくなってしまいます。何を見ても、

「成果に繋《つな》がらないからなぁ」

などと、むなしく感じるようになっていたとしたら、問題です。すでに人生を楽しめなくなっている証拠です。

自分がわからない！

組織や仕事の命ずるままに前へ前へと進んできた結果、前述のような状態が生まれてくると大変です。

よかれと思って猪突猛進《ちょとつもうしん》し、全力で職務に取り組んできたのに、組織の中での評価が下がったり、取引先からの信用を失ったりしてしまいます。

そう、さまざまなゆがみが表面化してくるのです。

- **ミスが目立つようになる**
- **重大な事故を引き起こす**
- **体調不良から体を壊す**

表面化したときには、上司から叱責を受けます。

「どうしてこうなるまで放っておいたんだ」
「なんでもっと早く報告しないんだ」
「自分の体だろう？　自己管理ができていないな！　無理するからこうなるんだ」
「お前の気持ちなんてわからんよ。辛かったら辛いって言えよ」

でも、自分の感情を押し殺してきたのです。無理を承知で体に鞭打ってきたのです。組織と仕事に忠実であろうとしてきただけなのです。自分の気持ち、自分の体、それよりも大事なことがあるとして頑張ってきたのです。

「今さら、自分の気持ちだなどと言われても、自分がどう感じているかなんてもうわからない」

そんな状態になっている人は、きっと多くいるはずです。

2.

夢を叶えるヒントは常に〝自分〟にある

意識を外に向けすぎている

社会に出て、仕事をしていると、さまざまな障害にぶつかります。思うようにならないことの連続です。そんな自分の仕事に納得していないのに、真面目に働いている人がたくさんいます。


「仕事なんだから仕方ないじゃないか」

「仕事は辛いのが当たり前。給料は我慢と引き替えにもらうものでしょ」

「サラリーマンなんだから、言われたことを言われたとおりにやらないとね」

心の底からそう感じて納得しているのであれば、何も言うことはありません。しかし、自分の心の声は何と言っているのでしょうか。

「それは完全に自社都合で、お客さまのためにならない気がするなぁ」
「そんなに人格攻撃をしなくたっていいじゃないか」
「もっと自由にやらせてくれたらいいのに」

しかし真面目な人は、そんなのは〝わがまま〟だとして、心の声に耳を貸しません。もしも周囲の声にばかり耳を傾け、世間の要求に応えているだけならば、すぐに立ち止まってみましょう。

意識を外に向けるあまり、いつも自分の気持ちを後回しにしてはいませんか？

「自分がどう感じるかなんて、どうでもいいんですよ。お客さまがどう思うかが大事なんですから」

まっとうな社会人の言葉に聞こえます。ときには自分の自由を犠牲にせざるを得ないこともあるでしょう。しかし、いつも自分をないがしろにしていいのでしょうか。

「説明するのが面倒くさいからさ。全部合わせちゃうんだよね」

そうして、何でも人から言われるままに行動していくと、信頼が得られ、当然評価も高まりはします。

しかし、他人の意思は尊重するのに、自分の意思は尊重していない。そうなれば、心が満たされないのは当然です。

意識を外に向けすぎているのならば、少し心を落ち着けて、自分を振り返って、心の声を聴いてみる必要があります。

不安と恐怖から発想している

どうしてそんなに自分の気持ちを無視するようになってしまったのでしょうか。不安だからでしょうか。先行きに対する不安。自分が生き延びられるかどうかという不安。将来についての不安があるからでしょうか。

将来とは未来です。未来とはまさに未だ来たらざるものであり、なんら確定していない世界です。何も決まっていないからこそ不安になります。私はこれまでの著作で「未来に不安を持つのは仕方ない。だからこそ、行動を起こして、少しでも出来事を確定していきましょう」と述べてきました。

暗中模索とか五里霧中という言葉がありますが、先行きの見えない世界でとにかく行動したところで、どこにたどり着くかは誰にもわかりません。それなのに、

「頑張れ！」
「すぐやれ！」
「死ぬ気でやれ！」

などと言うのはとても酷《こく》な話です。

行動すればするほど空回りしてしまいます。

頑張れば頑張るほど手応えがなく、行動すればするほど疲労する。これでは、やがて徒労感に覆われてしまいます。すべてがむなしく感じられ、ひと頃言われた「燃え尽き症候群」のような心境に陥るでしょう。

場合によっては、すべてに実感が持てず、虚無感に襲われることだってあります。

不安を抑えたいために自分の気持ちを無視していたら、現状認識のアンテナの感度が鈍ります。それはビジネスにおいて致命的なことです。お客さまの反応、ニーズ、不満足に敏感に反応し適切に対応しなければならないのです。

顧客満足度の向上を掲げる企業は多数ありますが、顧客満足を高める第一歩は、自分の気持ちを大切にすることです。自分自身もお客さまと同様に大事にしなければ、共感したり相手の気持ちを察することなどできません。

そのためにも、自分自身の「振り返り」は大切なのです。

すぐ行動しているのにうまくいかない

行動がすべてを変える。

これは真実ですが、なんでも「すぐやる」のがいいのでしょうか。

たとえば、今やらなくてもいいことや、禁じられていること、ましてや犯罪や暴力などは、すぐやると大変なことになります。深呼吸して心を落ち着かせて、踏みとどまる必要があります。

重要性を考慮せずに、何が何でもすぐやればいいというものではありません。「すぐやる」べきは、あなたにとっても他人にとっても重要で、それをすると自分も悦び、他人にも悦ばれることです。**これを「魂が悦ぶ®仕事」と呼んでいます。**

ところが、肝心要の自分の気持ちがわからない人が多いのです。

子どもの頃は、自分の気持ちに正直に、泣きわめいたり、わがままを言ったりしたものです。しかし、社会生活をするうちに、自分の気持ちよりも組織や他人の意向を優先するようになります。そのうち、自分の気持ちがわからなくなってしまうのです。

その結果、仕事として与えられれば、たとえ不本意な目的や目標であったとしても、その実現に向けて邁進《まいしん》することもできるようになってしまいます。

では、そんな目的や目標が達成されたら、幸せを感じるのでしょうか。心からの満足を感じるのでしょうか？

実は、目的や目標が不本意なものだと、大成功してもまったく幸せを感じられなかったり、不幸になってしまったりするということがあります。

たとえば、会社の仕事に全力で邁進し、全社トップの営業成績を達成したときには、私生活がボロボロになっており、不幸のどん底に落ちてしまったという話をよく聞きます。

どんな仕事をして、どんな暮らしをしたいのかを明確にしていないと、バランスの崩れた目標を立ててしまい、自分を苦しめることになってしまいます。

私たちは、願望の持ち方、夢の描き方をよく知らないのです。ついつい、

「これだけ叶えばいい」

「給料が低くてもやりがいのある仕事ができれば、それでいい」

などと、最小限の願いを強く祈ってしまうのです。

そうすると、最小限の願いが叶っても、それ以外のことが最悪な現実となってしまうことがあるのです。

「すぐやる」ということも同じで、どうありたいのか、どんな最高の状態を生み出したいのかという、全体俯瞰《ふかん》のイメージを持たずに行動すると、ただ「すぐやる」だけで、何も生み出さないのです。

ではどうすれば、最高の状態を思い描き、全体俯瞰のイメージを持つことができるのか。

その答えが、本書で述べていく「振り返り」なのです。

知は力なり

フランシス・ベーコンは「知は力なり」と言いました。現代ほど知の力を実感できる時代はありません。

知はネット上を駆け巡り、世界は変化し続けています。そして、今、ＡＩの時代に突入しました。その変化のスピードは加速しています。まさに激流です。流され、飲み込まれてしまえば溺れてしまいます。

この、流れゆく知は力を持っています。主体的に「知」を取捨選択していかなければ、時代の波に翻弄《ほんろう》されてしまいます。

「フェイク・ニュース」という言葉が流行りましたが、真偽不明の情報によって私たちの日常は翻弄されています。あまりに真に迫っているために、翻弄されていることすら気づかないことも多いのです。

そして、この複雑怪奇な世界情勢を渡り歩き、よりよい世界を生み出していくために、教育は欠かせません。しかしいつの時代も権力者は、本物の知を怖れます。権力者に都合のよい「知」のみがもてはやされるように、情報を操作します。私たちは、そのような操作に対して自己の立場を守っていかなければなりません。

知が力であるということを理解し、その力を行使するために、私たちは自らの知を振り返り、検証するのです。あてがわれた情報をありがたくいただいているだけでは、誰かの描いたシナリオに踊らされるだけです。

自らを振り返り、自ら得た知を振り返り、その知をどう活かしていくのか、というのが喫緊《きっきん》の課題です。

「振り返り」がすべてを解決する！

さて、現在のビジネスパーソンが抱える課題をいくつか見てきました。内容は多岐にわたっています。個人的な心の中のこともあれば、仕事の内容や取り組み方、対人関係や職業のあり方など。

これらの多岐にわたる悩みや課題に対する解答を見つける方法が、まさに「振り返り」なのです。

本書では、夢を実現するための「振り返り」を取りあげ、説明していきます。

- 夢を実現するための「振り返り」とは何なのか
- 何をすることなのか
- どんな重要性があり、どう応用することができるのかなどについて具体的に説明していきます。

「振り返り」といっても、あまりに普通の言葉すぎてイメージが湧かないかもしれません。

本書ではあえて簡素に「振り返り」と呼び、わざわざカタカナで「リフレクション」などとは呼んでおりません。特殊な専門用語で呼ばないのは、仕事でもプライベートでも日常的にフル活用していただきたいからです。

実際に、私が行っている夢実現応援の対話（コーチング・セッション）においては、「振り返り」は欠かせないものです。

しかもとても簡単です。**ちょっと意識すればできることでありながら、とても効果的なものです。**

すでにやっている人は、さらに自覚をもって行っていただくだけで、人生が激変します。**シンプルにして劇的な効果が得られるのが「振り返り」なのです。**

夢や希望のない人も「振り返り」をすることによって、生きる指針を取り戻し、夢を描けるようになります。

夢のある人は、「振り返り」によって、夢を実現するための方法や道筋を見つけることができるのです。

実は、振り返りとは、ちょっとした振り返りから、奥の深い振り返りまで、さまざまあるのです。大小さまざまな振り返りを日常の中に落とし込んでいけば、造作《ぞうさ》もないことです。

やる気を失ってしまった人は、「振り返り」によってやる気を取り戻すことができます。

ひたすら前向きに行動することや、単に学ぶだけでは不十分なのです。行動し、常に「振り返る」からこそ、知恵を引き出し、価値を創造することができるのです。まだ行動していない未来のことですら、振り返ることで、知恵を引き出すこともできるのです。

そして**一番大事なことは、振り返って終わりではないということです。振り返り、知恵を引き出し、それを生かすこと。**

振り返り、知を吸収して、それを今日からの行動に生かすということが最も大事なのです。

それによって変化を起こすことができ、私たちは個人的にも社会的にも進化していくことができるのです。

3.

前に出るために後ろを〝振り返る〟ことの重要性

夢実現応援の対話では、何度も振り返りを実施する

私は「夢実現応援家®」として、企業に勤めるビジネスパーソン、起業家、出版を志す方の個別サポートを行ったり、講演やセミナー、出版を通じて多くの方々の夢の実現を応援しています。

夢の実現を応援するためにお客さまと対話します。これは一般に「コーチング」と呼ばれているものです。

この夢実現応援のための対話術（コーチング）においては、本書のテーマである〝振り返り〟を頻繁に行います。

「ここまで考えてみて、あらためて振り返ってみるとどんなことに気づきますか?」
「当時の自分を振り返ってみて、どんなことを感じますか?」
「今日の対話全体を振り返ってみて、いかがですか?」

このような振り返りを行うことによって、多くの方が人生を劇的に変えてきました。これは誰に対しても効果のあることなのです。

振り返りとは何か?

振り返りとは、ごく普通の言葉ですが、夢を実現するためにはとてもパワフルな行為です。

夢を実現するための振り返りに、3つの時間、3つの対象、3つの段階があると考えて下さい。

【3つの時間】

1. 過去
2. 現在
3. 未来

【3つの対象】

1. 自分を振り返る
2. 他人を振り返る
3. 全体（周囲・状況）を振り返る

【3つの段階】

1. 目をつける……目的と対象の明確化
2. 掘り下げる……体験の吟味・検証・分析
3. 引き出す………知恵と価値と知識の創造

これらは本書でこれから説明していきますが、**つまり過去・現在・未来の自分や他人、全体を対象に、目的を明確にして検証と分析を行い、知識の創造をする**ということです。

自分を振り返るという場合は、我が身を振り返り、自分を見つめ直します。自分のやる気の素を発見したり、自分にふさわしい夢実現の方法を見つけたり、進むべき方向性を定めたりすることができます。

人生で出会う問題や課題の答えは、どこか遠いところにあるのではなく、私たちの心の内にあります。心の奥底の気持ちにアクセスするために、体の声に耳を澄ましたり、想像力の羽を広げて、広大な心の世界を探求したりします。それが振り返りです。

夢実現の振り返りによって、未来を見通す眼鏡と、人生という宝の箱を開けるための鍵を手に入れるのです。

振り返りと反省についての誤解

仕事上や日常生活では、「振り返り」よりも「反省」という言葉の方がよく使われると思います。「反省」は「振り返り」よりも一層ネガティブな意味で使われます。

反省というと、うなだれてしゅんと身を縮めていないといけないような印象がありますが、振り返りも反省も、本来、気分を落ち込ませるという意味はありません。振り返りにもネガティブな印象があるとするならば、それは過去を懐かしむことで、行動が止まってしまうことがあるからです。**それは過去にとらわれた「停滞」と呼ぶべきです。**

懐古趣味や、「昔はよかった」と過去の栄光に浸っている間にも、ときは流れていきます。それを戒めて、「過去ばかり振り返っているな！」と言うのです。

過去の栄光もさることながら、**過去の失敗をくよくよと思い返しているのも生**

産的ではありません。それは反省ではなく「後悔」です。「後悔したって始まらない」と言われるだけです。

反省が「後悔」ではないように、振り返りも「後悔」ではありません。私たちは振り返りや反省を、停滞や後悔と同時にやってしまいがちなだけです。

極論すれば、振り返りと反省に、停滞や後悔は必要ありません。解決と創造のためにこそ、振り返り、反省すべきなのです。

確かに、過去の失敗を後悔することで行動が改まることはあります。しかし後悔の感情に溺れて停滞してしまっては、元も子もありません。

起きた出来事を振り返り、深掘りすることで、過去という宝の山から、私たちは多くのことを引き出し、未来に活かすべきなのです。

気分上々の「振り返り」によって得られるもの

いきいきと活発な気を感じたときに「元気いっぱいだ！」と言いますし、停滞しているときには「気分がすぐれない」と言います。
自分の生命エネルギーの状態を把握して、「○○な気分」と呼んでいるのです。
気分は私たちの行動を大きく左右します。

気分が落ち込んでいれば、視野が狭くなり、前向きなことは考えられなくなります。逆に、気分があがっていれば、視野は広がって、前向きなことを考えられるようになります。

私たちが過去を振り返るとき、まず、気分をあげることができたら、ネガティブな活動には繫がらず、むしろ前向きに行動できるようになります。

自分が明るい気分を発していれば、明るい情報も集まってくるのです。

もしも気分をあげて振り返ることができたら、どのようなことが起こるでしょうか。

――振り返りは発見を促す――

振り返りは、自分の感情や思考を掘り起こします。その過程で、さまざまな発見をするのです。

たとえば、望んで就いた仕事が面白くなくなってしまったときに、振り返りを行えば、面白くなくなってしまった原因と共に、仕事を面白くするためのヒントを見つけることもできます。

今の仕事に見切りをつけて転職しようとする際にも、転職について自分を振り返ってみます。そして、なぜ転職したいのか、何のために転職するのか、転職してどうなりたいのかということを掘り下げていくと、転職の目的と望ましい転職の姿が発見されます。

次の仕事で活かしたい自分の価値観を発見することもできます。

そのほか、これまでの人生で何を大事にしてきたのかや、世界に対する見方、好き嫌いや善悪に対する判断基準や価値観も発見することができます。

また課題の解決策やヒントを発見することだってできます。

――振り返りは創造を促す――

情報の組み合わせによって新しい知識を生み出すというのが、知識創造の原則です。**実際に過去を振り返ると、現在の自分の持つ知恵が過去のあらゆる事象と出会い、組み合わされます。その結果、知識創造が起こるのです。**

仕事上の企画を考えるときに、単にネット検索をしてボヤッと考えるのもいいですが、自分の過去を振り返ってみるのです。

得意先であるレストランの新メニューを考えるというのであれば、自分自身の食事体験を振り返ります。最高のレストランはどこか、子どもの頃の食べる悦びは何だったか、恋人と行くときにどんな料理を食べたかなどを、どんどん掘り下げていくのです。

そこから、当該レストランの情報を組み合わせていくと、いくつものアイデアが出てきます。

単にひらめきを待つのではなく、自分の過去の体験を手がかりにして組み合わせの例を増やすことで、アイデアをどんどん出すことができるのです。

過去を振り返るというのは、過去と取り組むブレストのようなものです。

――振り返りは進化を促す――

人類の歴史は、一面では成功の歴史ですが、もう一面は失敗の歴史です。人類は失敗を振り返り、学んできたことによって文明を発達させ、進化を遂げてきました。私たちも、仕事をする中で、大小を問わなければたくさんの失敗をしてきているはずです。

失敗を振り返ると、その失敗の原因を発見することができます。原因がわかれば対策を考えることができます。ベストな対策を発見したら、それを実行していきます。**これを続けていけば、仕事のスキルはどんどん進化します。**

ビジネスにおける人間関係も同じです。お客さまを不機嫌にしてしまったとか、ちょっとした言い間違いでクレームを受けたという体験もあれば、お客さまを悦ばせ、関係を良好にできたという場合もあるでしょう。

それらの失敗体験も成功体験もしっかりと振り返れば、原因と対策を発見することができます。**対策を実行していけば、ビジネス上の人間関係はどんどん進化していきます。深い人間関係を築き、さらに業績をあげることも可能なのです。**

成功も失敗も振り返り、現在の私たちの知との組み合わせを起こせば、知識創造が起き、必然的に行動が変化するのです。

過去を活かす人は高い視座を獲得できる

もしも、私たちが記憶というものを持たず、学ぶことができなかったとしたら、何度でも同じ失敗を繰り返し、常に体当たりで行動していくしかありません。

しかし、過去を振り返ろうとし、未来に向かって果敢に挑戦し、経験を積んでいくならば、経験を宝に変えて蓄積していくことができます。

振り返りは、まず自分を振り返ります。しかし、**振り返りの対象は現在の自分の**

状況だけではありません。

過去の体験、未来での出来事には、必ず他人が関係しています。他人の行動や体験も振り返りの対象とすることができます。

他人の経験から引き出された知恵や知識を、我がものとするために振り返るのです。

他人の知恵の尊さについて、十二世紀フランスの哲学者ベルナールはこんな言葉を残しています。

「巨人の肩の上に立つ」

私たちは過去の偉大な知恵を基礎に現在を生きているのですから、まさに巨人の肩の上に立っています。**さらに、自分自身の過去の体験を掘り下げ、知恵を引き出し、それを活かすならば、巨人の肩の上に自分という踏み台を置いて、より高い視座を獲得することができます。**

4 〝振り返り〟の回路はすでにあなたの中にある

過去問を解くようなもの

入学試験対策で必ずやるのが、志望校の入試で過去に出題された問題を解くことです。過去の問題からその志望校の入試問題の傾向を探り、レベルなどに慣れるわけです。だから、振り返るとは、**まさに過去問を解くようなものです。**

学習に関する最新の研究では、学ぶ前からテストを行うことによって、学習効果が高まるという報告があるそうです。何も学んでいないのだから答えられる問題はありません。

しかし、それによって自分の中に、問題意識が醸成《じょうせい》されるため、いざ学び始めたときに吸収力があがるのだそうです。

行動する前に、過去のことを振り返るのと同時に、行動した後のことを先に振り返っておくというのも非常に効果的といえます。

出来事と体験から知恵と教訓を引き出し、未来に活かす

振り返りは、前向きとも後ろ向きとも決まってはいません。その人の気持ちが前向きか後ろ向きかで決まります。

たとえば、失敗したときに、

「自分のやったことをよく反省しろ！」

と叱責されたとします。そして反省文を書かされるとすると、自分の責任をどれほど自覚し、深い後悔の念を持っているか、「二度と繰り返しません」という誓いの言葉を書かざるをえません。

悪いのは自分。責任があるのも自分、とはじめから答えが決まっているのです。

しかし、前向きに振り返るのであればまったくアプローチが変わります。**前向きとは、「未来に活かそうという意識」です。**

同じ失敗についても、二度と繰り返さないように、何ができるかを発見するために、原因を探究するのです。力点が、改善策や再発防止策の発見になるということです。

後ろ向きに振り返るというのは、未来に活かそうという意識が希薄なことです。原因と責任を追及してそれで終わりになってしまいます。

だからこそ、「前向きな振り返り」を意識することが大事です。「前向きな振り返り」とは、振り返りで得られる「発見」「発明」「創造」を、

- **行動に結びつけようと考える**
- **自分だけでなく他人にも役立たせようとする**
- **世界に対する貢献に結びつける**

という風に発想することです。逆に、後ろ向きな振り返りは、

・行動に結びつけない
・自分だけに役立たせる
・世界に貢献しない

ということです。

実は、個人的な振り返りであっても、しっかりと掘り下げれば、人類共通の知恵に突き当たったり、世界に貢献できるような内容を発見したりすることもあるのです。

過去の発明家は、自分の興味関心から出発して世界の文明を進化させてきました。

自分を基点としながらも、「前向き」であろうとすれば、自ずと誰かの役に立ってしまうのです。

5

〝振り返り〟によって自分という存在を再認識する

自分とは極めて曖昧なもの

人生の岐路に立ち、自分がわからなくなったときにも「振り返り」は効果を発揮します。

「自分とは何者か？」という問題は、青春の一時期に熱中するものですが、その後、気にしなくなってしまうものです。これは、社会生活をする中で居場所を見つけ、自分の振るまい方を見つけるからです。

しかし、人生の岐路に立ち、あらためて本当は何をしたいのか、どうありたいのかと考え始めると、またわからなくなります。

過去に疑問が解消されたかと思っていたのに、皆目見当がつかなくなる。それは、「自分」とは常に「曖昧模糊とした存在」だからです。

そもそも人生の岐路に立っていなくとも、自分が将来何をしたいのかわからないという方が大半です。**将来のことは、とても曖昧で、感覚的なことしかわからない。でも、なんとなく方向性は感じている。それが普通です。**

曖昧模糊とした自分は、とらえにくいものです。ぼんやりしていたらいつまでたってもわかりません。他人に聞いても、とんちんかんな答えが返ってきたり、あらぬ方向に導かれてしまうだけです。

そこで「振り返り」を行い、過去の感情・思考・行動・体験・実績を素材にして、具体的な夢にまとめあげます。そうすれば、それが方針や進路、人生設計、行動計画になります。

「自分」は曖昧模糊としていても、具体的に描かれた夢ならば取り扱うことができます。そうして初めて将来の方向性を決めることができるのです。

汝《なんじ》自身を知れ

私たちは、「曖昧な自分」だからこそ、先の見えない未来に向かって日々悪戦苦闘しています。このままではいけない。なんとかしたい、と思って頑張っているのです。

そして目に入るのは、他人の成功。

「他人の成功の方程式を学べば、自分もうまくいくのではないか？」
「どこかに成功の秘訣があるんじゃないだろうか？」

そんな風に考え、外に答えを探し始めます。

しかし、**他人の事例や成功の秘訣を吸収するだけでは、十分ではありません。**

「彼《かれ》を知り己を知れば百戦殆《あや》うからず」

という孫子《そんし》の言葉のとおり、**もっとも身近な「自分」を知ることを抜きにして、いかなる成功もあり得ないのです。**

他人の成功は、あくまでも他人の成功です。あなたにとっても同じように成功であるかどうかはわからないのです。

どんな方法であっても構いません。自分に向いた方法。自分がやりやすい方法。自分がついついやりたくなること。わくわくすること、やりたくて、やりたくてしかたのないことを探求していきましょう。

これは、古代ギリシアのデルフォイの神殿に書かれていたとされる言葉に通じます。

「汝自身を知れ」

自分自身を知るには、自らを振り返り、過去を振り返ることが必要です。

その果てに、あなたにとって最高の、あなたが味わう以外に意味のない、それでいて、世界の誰もが手放しに悦ぶような成功を見出すことができたら最高です。

人生を振り返れば、すべてはやり直せる

読者の方からたくさんのメールをいただきます。拙著の読後感想や、読んでからチャレンジしたことについての報告など、内容は多岐にわたります。その中には、相談のメールもあります。

「もういい年になってしまった。もうやり直しがきかない。どうしたらいいか」

そういう相談です。**私は、いつでも人は変わることができると考えています。**

「もう遅い」とか「後がない」ということはありません。

ただし「振り返りさえすれば」ということです。

ただやみくもにチャレンジするというのは、若い頃だからできること。無謀さは若さの特権です。

年齢を重ねるにつれて、知恵もついてきます。その知恵を棚卸しして、自分がやりたい方向を定めることができれば、いつでも軌道修正することができます。大きく方向転換することもできます。

振り返り、現在地を確認するから、あらためて進路を決めることができるのです。

第2章

なぜ〝振り返る〟ことで夢が叶い、未来を変えられるのか

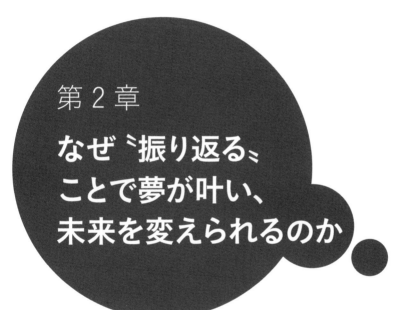

1

夢を叶える人は「過去の自分」に学んでいる

過去は宝の山

私たちは、学ぼうとしたら未来と現在と過去のどの時間から学ぶでしょうか。

そう、過去です。学問も知恵も技術も、情報さえも、すべて過去にあります。**過去とは、薄皮一枚の現在が次々と堆積していく時間世界なのです。**

たとえば、ビジネスでお客さまへの提案をまとめるとしたら、前回の打ち合わせのメモを見返して対策を練ります。自社内の過去の成功事例についてヒアリングをしてみることもあるでしょう。かつてうまくいったプレゼンのときの話し方を思い出して、参考にすることもできます。プレゼンの配布資料は、前回の配布物リストを元に考えることができます。

これらはみな過去の出来事を振り返り、再利用したり、参考にしたりして学んでいる例です。

未来は、到来していないので参照することができません。**現在は、瞬き一つで過去になります。私たちがアクセスできるのは過去の知恵しかないのです。**

だからこんな風に整理することができます。

「行動できるのは現在」
「学ぶことができるのは過去」
「希望を託すことができるのが未来」

過去を振り返るのは、地下に眠る金・銀・ダイヤモンドの鉱脈や、古代エジプトの宝物を探りあてるために、大地を掘り返すようなものです。

私たちが過去を探求するときには、それと同じように、宝と呼ぶべき「知恵」を探り出すのです。

今はまだ、自分の過去の出来事を振り返っても、宝が掘り出せるということに半信半疑かもしれません。

しかし、こんな事例もあります。


あるお客さまが、仕事が軌道に乗って安定してきたときに、何か満たされないものを感じ始めたと言いました。

「マンネリ化しているのか、まったく人生に刺激がない」

そこで、「刺激があるとき」はどういうときなのか、振り返ってもらいました。


すると若い頃のことを思い出し、当時は性格も弾けており、街に繰り出しては新しいことにチャレンジしていたときのことが思い出されたそうです。

そこで、今からチャレンジして刺激的と感じることは何かを書き出してもらいました。その中で、世界的な有名人と直接会ってみたいという希望が出てきました。

「世界の最先端の情報を、最先端の人から直接聞いてみたい！　会えると思っていなかったが、もしも会えたらとても興奮する！」

そしてそのお客さまは、日常の仕事もこなし、今まで会いたくても会えないと思っていた人に連絡をとってみると共に、最近は、刺激を与え合うような友人と連絡をとれていないことにも気づき、連絡を取ることにしました。

この一連の振り返りにより、人生がぐっと刺激的なものになり、また仕事に邁進することができました。

夢は具体的なものである

私たちの希望を具体的な形にしたものが夢です。その夢は美しい花を咲かせる草木の種のようなものです。

「将来、自由にどこへでも旅行できるような暮らしをしたいなぁ」

というのが希望です。自分にとって望ましい価値観です。

それを具体的にすると、次のような未来を描けるかもしれません。

「現在の会社で部長クラスの給料をもらって、企画の仕事をし、お客さまを訪問するために海外の各地を訪問し、巨大プロジェクトを運営できていたらいいなぁ」

意外に思われるかもしれませんが、日々の暮らしがどうなっているかを具体的に描くことが、「夢を描く」ということです。どこにいて、誰と何をしているのか。それはどういう状況なのかを具体的に描くことができて、初めて「夢」と呼べるのです。それを最近では、「ビジョン」などと呼ぶこともあります。

抽象的な希望を、具体化したものが「夢」です。

しかし、この「夢」は、まだ現実化していません。まだ計画の段階にすらなっていませんので、ちょうど、樹木の「種《たね》」と同じものです。「種」が違えば、育つ樹木の姿も違います。

夢という種は大地がなければ育たない

夢が種ならば、豊かな大地に植える必要があります。

そして、水と肥料をやって、日の光にあてて育ててあげないことには、夢は現実という果実を実らせることができません。**夢を抱いたら、その夢という種を大地に植えなければならないということです。**


では、大地とは何でしょうか。

ビジネスプランを現実にするための大地とは何か、ということです。

それは「私たち自身」です。**肉体を持ち、感情を持ち、思考し、行動し、現実を変容させることのできる私たち自身が、夢を育てる大地なのです。**

新聞紙上で、画期的な新製品や新サービスが発表されたとき、こんなことを言う人がいます。

「この商品、俺も半年前に考えたんだよな。これは絶対必要だから、あったらいいなと思ったんだよ」

その人もその商品と同じアイデアを思いついたのでしょう。具体的なアイデアであれば、これも「夢」であり「種」です。

しかし、その「夢」を自分自身の大地に植えて育てなかったのです。新聞で発表した会社は、その「夢」をしっかりと自社で植えて育てたのです。

「夢」は具体的なものですが、それを植えて育てなければ、現実のものとはなりません。

自分自身は、過去の結果だ

私たちの顔も肉体も、思考も能力もすべて、これまで過ごしてきた時間がもたらした結果です。

そして、すべての現実とは過去の結果であり、過去の出来事が堆積されたものです。**だから、私たちが「夢」を植える大地が、「自分自身」であるということは、私たちの過去の出来事や体験だということです。**

現在の私たちの心身は、すべて過去の出来事や体験の結果です。肉体は、私たちが食べ、運動し、休息し、新陳代謝を繰り返してきた結果、現在のような形になっています。私たちの心も同じように、これまでの感情、思考、読書、見聞、体験によって現在の形をとっています。

未来を変えたいと思うならば、夢を描き、過去の結果である自分自身の大地に植えるのです。

そして土壌がどうなっているのか、どこに植えるといいのか、栄養素は何が足りていて何が足りないのか、などを調べることができればもっとよいですね。

それが、過去を知るということです。過去を知ることとは、自分を知るということ

であり、それが「振り返る」ということです。

振り返ることで気分があがる

実際に「振り返り」をやってみたらどうなるのでしょうか。

一日の終わりに、その日にやってみたことを振り返るとします。これも一つの振り返りです。

さっそく今晩、今日やったことを振り返ってみましょう。その中でも特に面白かったことはないかと探してみましょう。探してみると、忘れてしまいそうになった面白いことが見つかります。

振り返ってみて気づいたことがあったらメモを取ってみましょう。

おそらく、**一日を振り返って、楽しかったことや面白かったことを思い出していくと、自然と気分が楽しくなっていると思います。**

かつて在籍していた会社の最初の部署にいた先輩の話です。その方の営業成績は常にトップでした。社内外の人から慕われ、いつも同僚に身のまわりに起きた面白いエピソードを語っては、みんなを楽しい気分にしていました。

先輩は、日々の出来事の中から、いつも面白い話を見つけては人に語っていたのです。いつも話していることは、いつでも造作なく思い出すことができます。

そのため、どんな商談の場であっても、当意即妙に面白い話を披露していました。それが営業成績に反映されていたのは間違いありません。現在では、異業種に転職して大成功されています。

ちょっとした日々の振り返りの実践によって、仕事も生活も一変します。自分自身の気分が変わり、周囲を巻き込んで楽しい気分にすることもできます。

味わいたい気分を呼び起こすエピソードを振り返る

私たちは、日々さまざまな気分を味わっています。ある気分に浸りたいと思ったり、気分を切り替えたくなったりもします。

仮に、仕事上の行き違いからトラブルが発生したとします。ひとまずトラブルは解決したものの、その責任を自分に押しつけられてしまい、むしゃくしゃしてしまった。そんなときには、スカッとした気分を味わいたいと思うかもしれません。

そんなときにも振り返りは役に立ちます。

気分は、思い出すだけで変えられる、という原則を利用しましょう。味わいたい気分があるなら、その気分を味わったときのエピソードを振り返ればいいのです。

仕事の場面であっても、仕事と関係ないことを思い出しても構いません。スカッとしたければ、スカッとしたときのことを、しんみりしたければ、しんみりしたときのことを思い出せばいいのです。

たとえば、むしゃくしゃした気分を吹き飛ばすために、学生時代に夢中になっていた球技、たとえばバスケットボールの、自分が活躍していた頃のことを思い出します。試合の中で、シュートが決まった瞬間を思い出します。そのときの場面をありありと思い出して、思い出に浸ってみましょう。じっくりと味わっているうちに、当時の感覚がよみがえります。

シュートが決まってスカッとした気分を、今再び味わうことができるのです。振り返って思い出を味わうのは、ちょうど、スカッとする映画を観たり、しんみりした歌を聴くのと同じことです。

振り返りは、気分を変えるのにも役立つのです。単に過去の経験から知恵を引き出すだけではないのです。

2.

“振り返り”がもたらす効果を知ろう

振り返りがもたらす3つの効果

振り返りを実践するとどのような効果がもたらされるでしょうか。
振り返りは、少なくとも次の3つの効果をもたらします。

「視野の拡大」
「他力《たりき》の活用」
「知識の創造」

以下、順番に見ていきましょう。

―「視野の拡大」―

私たちは、日々目の前の仕事に取り組んで生きています。ともすれば、木を見て森を見ずのたとえのとおり、部分的な仕事に集中するあまり、仕事の全体像が見えなくなってしまうことがあります。そこで「振り返り」を行います。

振り返りによって、まず視野に変化が起きます。**進行中の仕事に意識を向けていた状況から、過去に成し遂げた仕事を俯瞰してみることで、仕事の全体像を見ることができます。**

また、過去の出来事を振り返ると、現在の感覚とは違う当時の感情や思考を再度体験することになります。**ここで、現在と過去とを比べることによって、自分の感情や思考の幅が広がります。**

振り返りの過程で、他人の視座を意識することで、自分の思考や感情の幅が広がります。

振り返ることによって、世界の見え方やものごとのとらえ方が拡大するのです。

これが視野の拡大です。これによって、現在の視座へのとらわれから自由になり、木だけに注目していた状態を抜け出し、森全体を見渡すことができるようになります。

―「他力の活用」―

視野の拡大は同時に、私たちを取り巻く、さまざまな「手助け」に気づかせてくれます。私たちの役に立つ手助けのことを「他力」と呼んでいます。

他力には、6つの分野があると覚えておくと便利です。

1. ヒト
2. モノ
3. カネ
4. 知識・情報
5. スキル・ノウハウ
6. その他

視野が拡大することによって、これら6つの他力に気づくことができます。気づくことができれば利用したり、活用したりすることができます。

たとえば、職場で孤立無援だと感じながら必死に作業しているときに、現在の状況を振り返ると、必要な情報を持っている同僚の存在や、そもそも指示を出した上司に相談することもできるということに気づきます。視野が狭くなっていると、猪突猛進してしまい、自爆してしまいかねないところを、振り返りによって回避できるのです。

何百件もの宛先にＤＭを送らなければならないというときに、必死になって手書きで宛名書きをしていたとします。そこで、現状の自分やその時点までの過去を振り返り、視野を拡大し、６つの他力の一つひとつの可能性に思いを巡らせてみます。仕事を手伝ってくれる「ヒト」はいないだろうか。もっと速く処理するための「モノ」はないだろうか、と考えていきます。

すると、「パソコン」や「インターネット」という「モノ」があることに気づくかもしれません。

「もっと楽にできないか、ネットで調べてみよう」

そう考えて調べてみれば、現状を打開できる「知識・情報」を検索することができます。宅配業者さんにデータを渡せば送り状に印刷してくれるとか、送り状は一つで、あとはラベル印刷で対応可能だという情報をつかめるかもしれません。

その他、問題解決するための「スキル・ノウハウ」は何だろうかと考えることもできます。さらに、「その他」なんでもいいから利用できることはないか、助けになることはないかと探していくのです。

探そうとし始めれば、答えは見つかります。しかし、探そうとしなければ、偶然に期待するしかなくなります。探そうとしないということは、主体的に問題を解決することを自ら放棄するようなものです。

実は、さまざまな手助けは、私たちの身の回りには満ち溢れています。ところが目の前のことをやろうとするうちに、6つの他力の存在を忘れてしまいます。「振り返り」をすることから、現状を冷静に認識でき、6つの他力を確認する余裕も生まれるのです。

――知識の創造――

夢実現応援の対話（コーチング）をしていると言うと、こんな風に問い返されることがあります。

「夢なんてないんですけど。必要ですか？」

あってもなくても構いません。

しかし、夢があると行動に方向性が生まれます。行動が加速します。

夢とは「希望を具体的にしたもの」だと述べました。

たとえば、「能力を高めたい」という希望は、具体性に欠けています。

もっと詳細な情報を加えましょう。どんな分野の、どのような能力を高めたいのでしょうか。仕事上の能力であっても、計数管理能力もあれば、商談のコミュニケーション能力もあります。**そもそも何のために「能力を高めたい」と感じているのか、**その目的もあるはずです。**それらを具体化していく必要があるのです。**

貿易関係の仕事をしている方がいるとします。「海外の取引先と、深い繋がりを築きたい。もしも密接なコミュニケーションをとることができたなら、もっと満足度の高い仕事ができるだろう」。そのように考えて、**未来の仕事の仕方を具体的に思い描くならば、今から何をしたらいいかが見えてきます。**

そうすると、貿易全般の知識を身につけようだとか、英語でメールのやり取りが必要になるから、英語のライティングを学ぼうなどという風に、具体的な対策が見えてくるのです。

これも、振り返りによって自分の欲求や希望を確認し、具体的な夢として描くことによって可能になります。

もしもあなたが未来をもっとましなものにしたいと思うのであれば、まさに、振り返りを通じて夢を創造することができます。

そう、創造なのです。

私たちは、振り返ることによって、課題に対する答えを引き出します。夢実現応援の対話においても、「お客さまの中から答えを引き出す」という言い方をします。答えを引き出すというと、どこかに答えがあるかのように思う人もいます。しかし、あらかじめ答えなどありません。私たちが探そうとするから、出現します。それはまさに創造なのです。**探すから姿を現すのです。**

だから、今、夢なんてなくても構いません。自分の気持ちを振り返って、その気持ちに従って夢を思い描いていけばいいのです。

振り返りは、知恵と答えを創造するプロセスでもあるのです。

3 〝振り返る〟ことによって己を知る

振り返るから改善できる

私たちは振り返ることによって、己を知ります。いいところも悪いところも。強いところも弱いところも。成功も失敗も。

振り返ることによって、自分のあるがままを把握します。そこから、どうしたいかについての知恵を引き出すのです。

もしも、現実をもっとよくしたいならば、自分の人生をもっとよいものにしたいならば、改善するための知恵を得ることができます。

考え方はシンプルです。

・よい点は、もっと増やす
・悪い点は、もっと減らす

ここで注意しなければならないのは、私たちの行動や心理現象は、注目すると増えるということです。よい点を増やしたいと思うならば、どんどん列挙して注目していくことです。

悪い点については、単に列挙していくと、注目することによって増えてしまいます。減らさなければいけないのであれば、悪い点を見つけたら、それが改善された状態をしっかりと把握しましょう。そして、改善された状態に注目していきましょう。

仕事上で、プレゼン資料をもっとよくするために振り返ってみたとしましょう。よい点を探します。

レイアウトがよい。フォントの使い方がよい。写真の選択がよい。などの要素が見つかります。

悪い点を探すと、キャッチコピーがいまひとつ。色使いがよくない。アニメーションが下手などが見つかります。

悪い点を見つけたら、その中でもうまくできたキャッチコピーがなかったか探します。色使いのよかった資料はどれか。アニメーションがよかったものを探すのです。そうして、よい点としてどんどん列挙していきます。そしてそれらを増やすためにできることを始めるのです。

成功や失敗についても同じことです。

・成功は、成功した原因を学び、成功をくりかえせるようにする
・失敗は、失敗した原因を学び、失敗をくりかえさないようにする

新製品の拡販キャンペーンを実施したら、振り返ってみましょう。成功した地域の成功の原因を調べ、他の地域でも成功するようにノウハウをまとめます。失敗したら、失敗の原因を調べ、次回は失敗を繰り返さないために教訓を引き出し、それを引き継ぎ事項にして報告します。

個人の仕事であっても同じように、気づきや教訓を未来の自分のために書類にまとめておくことです。

これを応用すると、好きなことや嫌いなことも同じことが言えます。

・**好きなことは、増やす**
・**嫌いなことは、減らす**

仕事を楽しくするためにも、日々の仕事を振り返ってみましょう。好きな仕事は何でしょう。嫌いな仕事は何でしょう。好きな仕事を増やすためにできることを探しましょう。

嫌いな仕事は、何が嫌いなのか、その嫌いな原因を探り出しましょう。

たとえば、出張報告書が面倒くさくていつも先延ばししてしまい、締め切りギリギリになってしまうという場合、その作業を振り返ってみましょう。

「商談記録を書くのが面倒くさい」

「商談相手の部署名・肩書きを正確に書くのが面倒くさい」

「交通費の精算が面倒くさい」

「フォームに則って書かなければいけないのが面倒くさい」

など、さまざまな要因があるかもしれません。**その中でも一番面倒なことを簡単にする方法を考えれば、面倒な作業も早く片づけることができます。**

出張する前に予想できることはデータ入力しておく。また、商談中のメモは商談直後に入力するようにする。あるいは、商談直後にはすぐに他のことをしないで、必ず時間を取って報告書を記録する時間にあてる。などのアイデアを出すことができます。

面倒ならば面倒なことをしっかりと掘り下げるのです。それによって改善するためのアイデアを引き出すことができます。

振り返るからこそ、現状がどうであるのかが理解できます。振り返るからこそ、未来がどうなりそうなのかが見えてきます。そうして初めて、改善に取り組むことができるのです。

3つの現実に目配りする

「心躍る未来像」を思い描くときに、ついつい私たちは遠慮しがちです。想像するだけなのに、あまり欲張らないのです。心のどこかに、欲張りすぎてはいけないと、自分を制限する気持ちがあるようです。

なかには、何かと引き替えに、これだけは叶えて下さいと祈るように思い描く方もいます。

「お金なんていらないから、とにかく健康でいたい」
「とにかく給料があがればいい」

私たちは、思い描いた未来像に向かって行動をし始めます。お金なんていらないと思いながら行動していけば、そちらの方にどんどん近づいていきます。給料があがればいいとしか思い描かなければ、それ以外のことには気が回りません。

想像するのは、タダです。制限を取り外して思いっきり想像してみましょう。

そうはいってもどうしたらいいかわからないという方は、3つの現実を順番に思い浮かべて下さい。

1つ目は、個人的現実です。自分に起こること。未来像で何を考え、感じているのかという内面もあれば、肉体的な外面もあります。健康で、体調もよく、しかも明るい考えを持ちながら、感謝と悦びを感じている、という風に個人的な世界を思い描きます。

2つ目は、社会的現実です。家族もあれば会社の同僚との人間関係もあります。地域の人とのふれあいや、趣味の人間関係。国内外の政治や経済、社会構造など。すべてが最高に満足のいく未来の姿を思い描きます。

3つ目は、物理的現実です。空気や水、空の景色、またはさまざまな製品や建物、社会の環境や道路や電気、ガス、水道といったインフラなど。あらゆる物理的環境についても、最高の未来を思い描きましょう。

この3つの現実を順番に思い描いていくと、その世界が立体的に浮かびあがってきます。そして、あなた以外の人々の幸せな状況も視野に入ってきます。地球環境についての配慮も含まれます。

これがよいのです。

私たちは、単独で生きているわけではありません。あなたが幸せになるということは、他の人々や環境の助けがあってのことなのです。

周りの人が全員不幸で、あなただけが幸せということはあり得ません。あなたが幸せになるためには、他の人や環境の幸せな状況が不可欠なのです。
想像だけではなく、実現したときの未来像も同じく、3つの現実が幸せな状況でないと、十分に満足のいく世界とはなりません。

振り返りは、思い込みを振り払うことができる

私たちは、調子の悪いときや落ち込んでいるときは、「最悪だ！」とか「八方ふさがりだ！」とか「何ひとついいことがない！」などと考えてしまいます。
ちょっと極端に考えてしまうのです。

どうしてでしょうか。それは、気分が落ちて視野が狭くなっているからです。仕事で失敗をしたとすると、そのことに気持ちが奪われ、その失敗しか見えなくなってしまいます。

つまり視野が狭くなっているので、そのことしか見えなくなってしまうのです。

すると、「全部ダメだ！」とか「もう一巻の終わりだ」とか考えてしまうのです。

視野を広げることができたらどうでしょうか。

ちっとも「全部ダメ」ではないことに気づくはずです。関わった仕事では失敗したかもしれません。しかし、視野を広げてみれば体は健康だったり、家族は元気だったりします。

職場の機械も順調に動くし、電気水道などのライフラインも正常に動いているとなれば、生活の全体の中でごく一部を占める仕事について、その仕事の中でも「ごく一部の案件で失敗しただけ」だということがわかるはずです。

また、危機的な状況だと認識したときほど、人は視野が狭くなります。そんなときにも振り返りが役に立ちます。

私たちは生活する中で、たくさんの側面を持っています。私は、そんなときには、生活の側面を10種類に分けて、しかも10点満点中何点ほど満足しているかを点数づけしてみることをおすすめしています。これは「10分野！　チェック」と名づけた振り返りです。

10点満点中何点かを考えるので、満足か不満足かというような二分法に陥らずに済みます。

このような振り返り方をすると、分野によって満足度が違うことがわかります。この過程で、極端に狭くなった視野を広げることができるのです。

次ページの「10分野！　チェックシート」をご覧下さい。日常生活を10種類の分野に分けて表にしてあります。

各分野の右側には、点数が書いてあります。満足度が10点満点中何点かを感じ取って、塗りつぶしてみて下さい。

10の分野それぞれを塗りつぶしてみると、現在の自分の状況を俯瞰してみることができます。

10分野！ チェックシート

	分野	例	1	2	3	4	5	6	7	8	9	10	
1	自己成長・学び	自己啓発・学習・読書・セミナー・学習会											
2	楽しみ・娯楽	趣味・嗜好・遊び・レクリエーション											
3	休養・リラクゼーション	静養・睡眠・休日											
4	健康	体調・病気・節制・運動・ダイエット											
5	人間関係（親密）	家族・伴侶・恋人・師匠・親友											
6	人間関係（一般）	仕事・地域・取引先・交流会											
7	仕事・貢献	ビジネス・ボランティア											
8	お金	収入・小遣い・資金											
9	生活環境	衣食住・持ち物・地域・通勤環境											
10	組織環境	企業・社会活動・仕事上の環境・システム・制度・備品											

振り返るから元気になる

振り返りは、決して後ろ向きなことではないと述べてきたわけですが、ここではむしろ、振り返るから元気になるということをお伝えします。

もしも飛び込み営業をしている人ならば、常に未知のお客さまを開拓していかなければなりません。常に前を向き飛び込もうとしていきます。

「でも、話を聞いてくれるだろうか……」

「話を聞いてくれても、商談になるだろうか……」

未来のことはわからない。わからないから不安になって、目の前の未来に対して不安が立ちふさがり、動けなくなってしまいます。これは飛び込み営業に限った話ではありません。

転職しようか。独立しようか。告白しようか。

勇気を持ってチャレンジしなければならないときに、誰もが感じる不安です。**そのときに前に進む勇気を得るために、振り返るのです。**

振り返りは反動をつけて前に飛び出すようなものです。これまで生きてきた時間の中で、勇気を持ってチャレンジしたことを振り返ってみましょう。過去の小さなチャレンジをどんどん探していきます。

すると、いくつものチャレンジの実績が発見できます。未来の不安に対しては、「過去の実績」があなたを勇気づけてくれます。

「実績があればなあ……」と思ったとき

実績はあなたを支えてくれます。

そうはいっても、初めての仕事では実績がありません。たとえば独立開業したての会計士も、コーチも、実績がありません。周りを見回せば、歴史のある会社があり、数々の実績を誇る同業者がいる。

途端に不安になってしまいます。

「実績がないと、信用されないよなあ……」

実績は、大いに力になります。しかし、初めは誰でも実績がないのです。そんなときにはどうしたらよいでしょうか。

「熱意を示す」ことです。

どれだけ熱意を持って仕事をするのか。どれだけ誠意を持ってサービスを提供するるか。それをしっかりと相手に伝えるのです。

「でも、その勇気が出ません……」

実績がないことに意識が向かいすぎて、自信を失っているのです。こんなときこ

そ振り返りが必要です。これから始めるサービスについての実績はないかもしれません。しかし、そのサービスを始めるに至った動機は何だったのでしょうか。

取り扱っている商品やサービスによって救われた体験とか、一人でも多くの困っている方を助けたいと思うに至った体験とか、きっかけがあったはずです。そのきっかけとなった出来事を思い出して下さい。

過去においてその仕事を選んだ決意を思い出して下さい。あなたはその思いを胸に秘めて決断したのです。

あなたの現在の行動は、過去の行動の結果なのです。原点となる出来事や体験、思いや感動をしっかりと思い出して味わってみて下さい。

実績がない段階では、原点となる「熱い気持ち」を思い出し、その熱意を伝えようとすればいいのです。

自信をもてる

新しいことを始めたばかりのときには、誰でも実績がありません。しかし、地道に活動を続けていけば、やがて実績が積み重なっていきます。

地道な努力を重ね、継続していけば、自然と実績はついてくるのです。

しかし、前進すればするほど、その先の風景が見えてきます。山を一つ越えれば、その先の山が見えてしまうのです。前へ、前へと進めば進むほど、もっと大きな目標が見えてきます。これまでに達成してきたことが、ちっぽけに見えてしまう。そうすると、急に不安になってきます。

「まだまだだ……。ちっとも進んでいない……」

誰もがこんな風に立ちすくんでしまいます。**始めたばかりの頃は「実績がないか**

らダメだ」と思い、実績がついてきたら、「まだまだダメだ」と自己否定する。いつになったら安心できるのでしょうか。答えは、

「いつになっても安心できる日は来ない」

です。しかし、同時に、

「いつでも安心することはできる。振り返ることさえできれば」

なのです。

私たちは努力する限り、上を見ればきりがありません。下を見ても同じくきりがありません。やってきたことそのままを受け止めるのです。それ以上でもなければ、それ以下でもない、あるがままの実績を受け入れることができたとき、心は安定します。

虚勢を張ることなく、強みも弱みも受け入れることができるまで、しっかりと振り返りましょう。

4.

ビジョンとは「心躍る未来像」である

建設的に考えれば前進できる

「建設的に考える」という言葉は、深みがあって私は好きな言葉です。建設的というのは、今「ある」ことを肯定して、それを土台にして積みあげていったり、しっかりした根拠に事実や知識を積みあげていったりする考え方です。

私たちは不安になると、建設的でなくなってしまいます。

「できもしないこと」
「できていないこと」

「やれていないこと」
「やるべきだが、やっていないこと」

などを並べ立てて、自分にダメ出しをしてしまうのです。これは、空気の上に屋根を載せたり、土台に空気を重ねていくようなものです。

ないものを積みあげることはできないのです。

できていること、やれていることを否定せずに積み重ねることで、しっかりと進むことができます。

人類の歴史は、すべてやってきたことの歴史です。やらなかったことは積み重なっていません。**やってきたことだけが「あったこと」なのです。**

常に我が身を振り返っていると、あったことだけを認識することができます。**やれていないことやありもしないことを見て、自分を責めたりすることがなくなるのです。**

ビジョンに対する誤解

「ビジョン」とは、よく聞く言葉です。
ビジネス書を読むと、さまざまな解説に出くわします。

「ビジョンとは、数値のことです」
「ビジョンとは、目的のことです」
「ビジョンとは、ミッションのことです」

並べてみるとみんな違うことを言っています。
Ｗｅｂ上の辞書である英辞郎を見てみると、英語の〝ＶＩＳＩＯＮ〟には、こんな定義があります。

１．視覚、視力、見ること

2. 先見、先見の明、洞察力
3. 見通し、展望、構想
4. 空想、幻
5. 素晴らしい光景［情景］、絶世の美女［美人］
6. 画像、映像

実に、ビジョンとは、端的に言えば画像、光景のことです。それを証拠に「遠くの」という意味の「テレ」と「映像」という意味の「ビジョン」とを繋げてテレビジョンという言葉がつくられているほどです。

ですから「経営者のビジョン」と言った場合、「経営の展望」とか「経営者の見ている景色」という意味になります。

将来がどうなっていくと見ているのか、あるいは、自社の将来像はどうしたいと思っているのか、ということです。

個人の人生も同じです。世界をどう見るのか。自分の将来像をどう見ているのか。どうしたいのか。

人は、思いをベースに現実を形づくっていきます。だから、どう見ているかが大事なのです。特に将来をどう見るかで、行動が変わってきます。

将来は、想像力と創造力でつくられます。

「悲惨な未来像」を想像して、悲惨な未来を創造することもあります。悲惨な未来を創造したい人などいるでしょうか。ビジョンは、現実を形づくる力を持つからこそ自分にとって好ましいものでなければなりません。

だから私は、ビジョンという、ちょっと意味不明で抽象的な言葉を使わずに**「心躍る未来像」**という言葉を使っています。

私たちが描くべきビジョンは、「心躍る」ものでありたいと考えるからです。

未来像は味わってこそ実現する

「心躍る未来像」を描くことができれば、行動に踏み出すことができます。

夢実現応援の対話は「心躍る未来像」を描き、それを実現するプロセスです。

「アニガッタミョー！　アヒュガッタミョー！」

この歌声に合わせて、40℃を超える灼熱の路上に集まった数万人のミャンマー人が、腕を上下させながら同じ言葉を叫んでいます。

これは、2015年4月の水祭りの風景です。後で聞いた話では、その通りには約5万人の人出があったそうです。歌っていたのは、日本人シンガーソングライターのすわじゅんこさん。じゅんこさんは、水祭り期間中のヤンゴン最大規模のステージで、ミャンマーの有名な水祭りソングと、オリジナルソングを大観衆の前で歌いきりました。最高に充実して、魂の燃えあがった時間だったそうです。

水祭りのステージ出演期間のフェイスブックページには、毎日16万を超えるアクセスがありました。そんなじゅんこさんは現在、ミャンマーで最も有名な日本人女性のシンガーソングライターとして注目を集めています。

私がすわじゅんこさんと出会ったのは、２０１４年。当時、彼女は路上ライヴを精力的に行う一方で、今後どんな方向に進んでいくかを悩んでいた時期でした。

そこで、私の夢実現応援対話の体験セッションを受けられ、シンガーとしての今後の活動について対話をしていったのです。

そこでは、どんな未来に行きたいのかを考えるために、過去の音楽との出会いをひもといていきました。子どもの頃からシンガーになることが夢で、彼女はずっと歌い続けてきました。

しかしメジャーデビューは叶わず、失意のどん底にいた頃、それでも諦めることなく全米で行われているアメリカン・アイドルのコンテストに出場。そこでなんと、初出場で初優勝という快挙を成し遂げたのです。歌を続けてきて最高だと感じられた過去の場面は、このアメリカン・アイドルでの優勝の場面でした。

夢実現応援の対話の際、私は彼女に、その瞬間をありありと思い出していただきました。

「また、こんな場面を味わいたいです。人種も民族も超えて、老若男女が集う大観衆の前で、歌を歌っている、そんな未来にいきたいです！　世界に愛の歌を届けたいと思います！」

過去の輝かしい場面を味わったじゅんこさんは、そう力強く宣言してくれました。

そして、その対話から約1年後、ミャンマーの水祭りのステージで大観衆の前で歌い、ミャンマーのテレビで3日連続生中継され、大歓声を浴びたというのが先のシーンです。

まさに、過去の体験から導き出された「心躍る未来像」が現実のものとなった瞬間でした。

振り返りで得られた発見を活かそう

振り返りは宝探しです。振り返れば振り返るほど、たくさんの宝を掘り起こすことになります。

掘り出された宝をそのままにしていては、まさに宝の持ち腐れになってしまうのです。得られた知恵や知見は、活かしていきましょう。

活かす気になれば、いくらでも活かすことができます。他人にその知恵を話すだけでも活かしたことになります。

ノートに書き留めたり、ブログの記事にしたり、メモに残すことも活かすための準備になります。

他人に伝えると、その知恵は流通を開始します。そしてあなたの知らないところでそれが活かされることだってあるのです。その知恵の生命は私たちの寿命を遥かに超えて生き延びる可能性があります。ただし、それは活かしてこそです。

たとえば、夢実現応援の対話（コーチング）を取りあげてみましょう。

人生をサーキットで爆走するF1のレースにたとえるならば、夢実現応援の対話は、レーシングカーのピットインのようなものです。

日々のビジネスや生活で走り続けている人が、つかの間ピットインをして、心のメンテナンスをする。その時間において、日常のさまざまな出来事を振り返り、今後の課題について検討を重ねます。

夢実現応援の対話そのものが、振り返り大会のようなものです。対話の中で、たくさんの気づきを得て、対話の最中にたくさん振り返るのですが、対話を終えた後に、さらに振り返りの時間をとることはとても有益です。

対話の時間において、意識の深い領域まで降りて行ったり、視野を広げて今までは考えの及ばない領域まで意識したりします。そのような体験をしたあとに、その体験を振り返ると、さらにまた気づきを得ます。

その気づきをノートに記録したり、行動すべきことを手帳に記載して行動していけば、人生が変わり始めるのです。

5

〝振り返り〟から「なせばなる道のり」を引き出す

「なせばなる道のり」か「たどり着けぬ道のり」か

「心躍る未来像」が見えてきたら、今度はどんな行動をすればいいのかを考える番です。

ここで真面目な人は、

「そんな大それた夢を実現するのは険しい道だなぁ」
「困難を乗り越えていかないといけないんだろうなぁ」

などと考えてしまいます。辛くても頑張るとか、苦しいのは当たり前、悲壮な覚悟で取り組む。そんな気分になってしまうと、本当に大変な道のりになってしまいます。

発想を切り替えましょう。

「どうしたら、楽しく進めることができるかなぁ」
「どうしたら、みんなの協力を得ながら進められるかなぁ」
「どうしたら、もっと早く実現できるかなぁ」

実現するための道のりですので、いかに「できるか」が重要です。「決死の覚悟」を決めたり、力んだりといったことは必ずしも必要ではありません。そのため、「心躍る未来像」に至る道筋のことを「なせばなる道のり」と呼んでいます。

道と方法は無限にある。それは人間の可能性と同じ

緊張したり、気分が落ち込んだりして視野が狭くなっていると、

「この道しかない」
「退路を断つしかない」

などと悲しさが漂う思考に陥りがちですが、道はいくらでもあります。無限にあると思った方がよいでしょう。「なせばなる道のり」を探求するに当たっては、無限にある道のりをいくつもシミュレーションしてみて、最良の道筋を見つけましょう。

「無理を承知でやる」とか「負けるとわかっていてもやる」などと考えて取り組むと、「たどり着けぬ道のり」を歩んでしまいます。

そのような思考にとらわれると、解決策を探そうとしなくなります。もっといい道があるとか、もっとやりやすい方法があると思っていれば、そういう道を探そうとするものです。

ないと思っていたら、探そうともしないのです。気分をあげて、できると思って進まないと、かえって進めなくなります。

この、視野の狭い心理状態は、絶望への一歩なのです。

「この道しかない」ということは、この道がダメなら、もう終わり、という心理状態なのです。ある条件のもとでの限定にすぎないことを、普遍化しすぎていると感じたら、ちょっと立ち止まりましょう。

そして、振り返りを行って下さい。条件を変えてみれば、ほかにも道と方法があることに気づくでしょう。**絶望に向かって突き進む必要などないのです。**

次章では、具体的な「振り返り」の方法についてお話ししていきます。

第3章

夢を叶え、未来を変える具体的な〝振り返り方〟とは？

1.「目をつける」「掘り下げる」「引き出す」の方程式

振り返る前に今の自分をチェックする

「振り返り」の意義や効果について理解していただいたところで、本章では、具体的な「振り返り」の方法についてお話ししていきます。

まず振り返るときには、自分自身の「振り返り」から行います。自分の状態をチェックしてみましょう。気持ちが落ち着かない状態で振り返ろうとしても、うまくいきません。面倒くさいという気持ちが先に立ってしまいます。

簡単に、自分の体の調子、感情の動き、思考の動きを順番にチェックしていきます。簡単に感じ取るだけで結構です。

もしも、そわそわしたり、不安を感じている状態ならば、気持ちを落ち着けるために深呼吸をしてみましょう。

瞑想が得意な方は、1~2分瞑想してから始めても構いません。

また、両手の指を組み合わせ、頭の上にあげて、大きくのびをしながら声を出すなどして気持ちを切り替えてみるのもおすすめです。

振り返りの手順は3段階

振り返りは、手順を3つの段階に分解することができます。

1. 目をつける
2. 掘り下げる
3. 引き出す

「目をつける」というのは、注目することです。目的と対象の範囲を時間的、空間的に特定することです。いつどこで起きたことについて、何を知りたいのか、何を探求したいのかに注目します。

目をつける対象は、今日一日という場合もあれば、三年前のことや五年先の活動などの場合もあります。任意の探索範囲を決めます。

たとえば、今後仕事をしていくうえでの自分の「やる気の素」を探るために、まだ社会のしがらみをもっていなかった幼少期の「好き」「得意」「憧れ」について探索してみようと決めることが、「目をつける」ということです。

「掘り下げる」というのは、探索範囲の内容を探究し、検証・分析することです。一日の活動を細かに思い出して検証したり、五年間の活動を洗い出して分析したりすることです。

たとえば、幼稚園や小学校の頃に熱中していたことを書き出してみて、「好き」「得意」「憧れ」などを思い出します。一つひとつのエピソードを思い出しながら、それを味わったり、分析したり、連想したりしてみます。

「引き出す」というのは、掘り下げた内容から、目的にかなう知恵や情報やアイデア、または意欲や価値観といった、目に見えないものを引き出すことです。

今日一日の学びや教訓、五年間で得られた情報や経験の価値を引き出していきます。

たとえば、幼少期の「好き」「得意」「憧れ」の経験を分析した結果、「創意工夫をする」とか「仲間と協力する」とか、「世界中の異文化を経験しながら人々と出会う」などという価値観を引き出すこともあります。

これによって、やりやすい方法や教訓、新製品や新サービスのアイデアなどが引き出されることもあります。

夢実現の振り返り

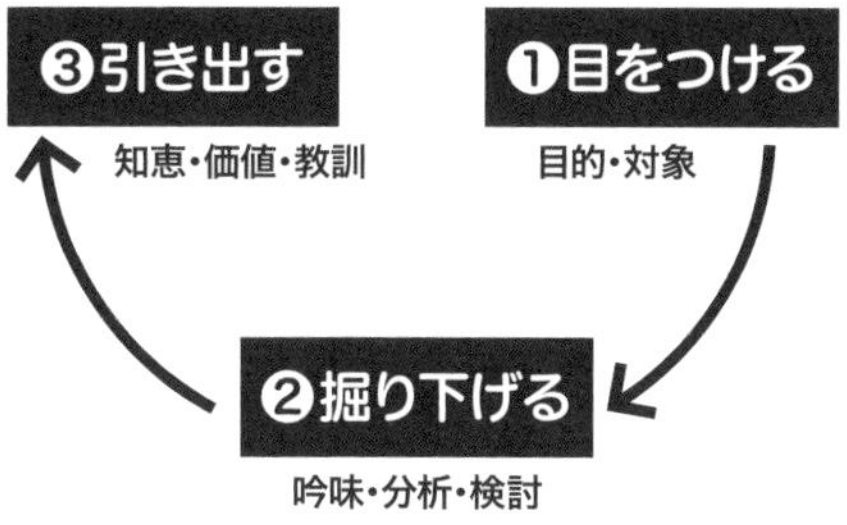

振り返りの3大対象

私たちが振り返るときに、何を対象とするかは大まかに3つに分けることができます。

それは、次の3つです。

- **自分**
- **他人**
- **全体（周囲・状況）**

対象に目をつけ、体験を掘り下げ、価値ある知恵や情報を引き出す。これが「振り返り」です。

引き出された知恵や情報を未来に活かすために、振り返るのです。

振り返りの目的を明確にする

振り返りは、対象に目をつけることから始まります。**「目をつける」というのは、目的を明確にするということです。なんのために振り返るのかを設定するのです。**そうでないと、何をしたいのかわからず、うまく振り返ることができません。

目的とは、大げさなものではありません。たとえば、

・今日一日のできたことを確認する
・今日一日の活動から明日すべきことを確認する
・今日一日の活動からの学びを引き出す

など、小さなことで構いません。問題意識を整理することであり、課題を認識し、意図を明確にするということです。

左に、目的例の一覧を掲載しました。毎日この一覧を眺めて、ピンときた目的を選んでから振り返りを実行してみてもいいですね。

目的の一覧

●できたことを確認する／●挑戦してみたことを確認する
●誰かに助けられたことを確認する／●誰かを助けたことを確認する
●完了したことを確認する／●着手したことを確認する
●感動したことを確認する／●明日に繋がることを確認する
●明日やるべきことを確認する／●一日全体の満足度を確認する
●気分があがった瞬間を確認する／●気になることを確認する
●誰かに貢献できたことを確認する／●昨日よりも成長した点を確認する
●きちんとできたことを確認する／●達成したことを確認する
●勝てたことを確認する／●誰かに引き継ぐべきことを確認する
●誰かに連絡すべきことを確認する／●作成したことを確認する

●今日の成果を確認する／●体調を確認する
●気分を確認する／●やる気の度合いを確認する
●夢実現の進捗を確認する／●計画を確認する
●注意事項を確認する／●明日の持ち物を確認する
●準備状況を確認する／●今日の学びを確認する
●今日の自己成長を確認する／●目指すべき自己ベストを確認する
●気持ちよかったことを確認する／●面白かったことを確認する
●楽しかったことを確認する／●のびやかに過ごせたことを確認する
●しみじみと感じ入ったことを確認する／●見たことや聞いたことを確認する
●びっくりしたことを確認する／●新たに発生した懸念事項を確認する
●穏やかな気持ちになったことを確認する／●感謝したことを確認する
●感謝されたことを確認する／●近しく親しい人の状況を確認する
●関係者の状況を確認する／●組織の状況を確認する
●取引先の状況を確認する／●数字を確認する

記憶と想起、記録と閲覧

振り返りの基本は、思い出す（想起）ということです。記憶の海の中からある日の出来事に注目して、体験していたその場面を思い出します。

個人的現実・社会的現実・物理的現実の3つの領域を思い出していくと、漏れがありません。

個人的現実とは、心の内の感情や思考、気持ちや気分などです。

社会的現実とは、複数の人の間で共有された人間関係や共通認識、共通の感情、思惑、観念、文化、社会規範、企業理念、企業文化などです。

物理的現実は、物理的に存在する現実です。ルールは社会的現実ですが、それが明文化され書類になっていれば、それは物理的現実です。個人的現実も社会的現実も、物理的現実に影響を及ぼします。

特定の出来事を思い出すために、これら3つの現実の中で役立ちそうなことは何でも使います。その当時の状況、仕事、職場、友人関係、家族状況、経済・社会の動き、政治状況。

直接関係のない周辺情報を思い出したり、調べていくうちにいろいろなことが思い出されます。

今では、インターネットでたくさんのことを調べることができます。思いつく限りの記録を閲覧することもできるので、記録や資料なども参照しながら、当時のことを思い出します。

自分のことを思い出す場合には、自分の書いた日記やメモなどは有効な記録です。

「過去・現在・未来」を振り返る

振り返りは、主に過去の記憶や記録を対象とします。過去は、現在が過去になった瞬間から太古の昔、大げさに言えばビッグバンの瞬間までが対象です。いや、もし仮にビッグバン以前の世界があるとするのならば、振り返るのはビッグバン以前も対象となります。

しかも、過去に限定されるものではありません。現在も未来も対象にすることができます。

現在を振り返るというのは、ちょっと奇妙な言い方ですが、現在の自分の状況を俯瞰したり、他人の状況をその人の視座から味わったり、俯瞰してみたりということができます。これも振り返りです。

未来を振り返るというと、もっと奇妙ですが、仮定の話として、ある出来事が起きた場合の場面を誰かの主観的視座から味わったり、その場の状況を味わうことができます。

自分の行動を変えるためには、希望や願望が実現した未来の心躍る状況から振り返るのが一番効果的です。

仮に、これから二ヶ月間になすべき行動を明確にしたいというとき。

まず、現在抱えている案件や仕事、プロジェクトなどを書き出します。その優先順位をはっきりさせていけば、行動計画を立てることができます。

これは、現在を振り返った結果です。

未来を振り返るとどうなるでしょうか。仮に、五年後の未来にどうなっていたいかを具体的に想像します。そして、もしも五年後に、望ましい未来が実現していたとしたら、それまでの五年（現在から五年間のこと）はどのように進展してきたかを、「振り返り」ます。

未来の、まだ起きてもいない世界から、そこに至る道のりを振り返るのです。五年後の未来からさかのぼって道のりを確認していくと、〝今から二ヶ月間の動きは、その五年後の未来を実現するためにどうあるべきか〟が明瞭になります。

未来の姿が輝かしく魅力的であればあるほど、これから過ごす二ヶ月間も魅力的になります。

これが、未来から振り返るということです。とてもパワフルですので、どんどんありたい未来から振り返って、現在のなすべき行動を引き出して下さい。

自分と他人と全体の過去・現在・未来を振り返ることができる、というわけですから、時間的にも空間的にも際限のない森羅万象を取り扱うということになります。

出来事を思い出し、味わう

振り返りの対象に目をつけて目的を確認した後は、その目的にあう出来事を探索し、掘り下げていきます。

出来事を思い出すことができたら、その場面を味わいます。場面を味わうコツは、その場面の中からスナップショットのような、「ある日、あるとき、ある一秒間」を選びます。その瞬間の３Ｄ環境映像の中に入ってしまったかのようにイメージすることです。想像力をフルに使います。

思い出も、時間の流れの中でたくさんの情報が変化していきます。そのときに、自分が何を感じていたのかを味わうためには、まるでタイムトリップしたかのように、その場面を全身で味わうことが大切なのです。

味わうプロセスは、３つの段階があります。

1. 場面設定（状況を検証し、素材の選定をし、場面を設定する）
2. 臨場吟味（その場面を体験するように味わう）
3. 体験要約（臨場吟味した体験を要約してまとめる）

最初に、出来事を深く味わうためには場面を設定しないといけません。**それが「場面設定」です。**場面を構成する諸々の要素を吟味し、配置するのです。場所の様子、その場にあった物、人、人々の表情や服装など。ちょうど、映画撮影の現場において、シーンのセットを組んで役者さんをふさわしい位置に立たせるようなものです。

たとえば、入社式の会場の前から六列目にいて、社長挨拶を聞いていた風景。過去の出来事の場面設定ができたら、その「ある日、あるとき、ある一秒間」をその場に身を置いているようにイメージして味わいます。**これが「臨場吟味」です。**たとえば、入社式で社長の口にしたジョークが聞こえ、新入社員が笑い、一気に緊張がほぐれ、なんとなくこの会社でやっていけると感じていた瞬間などです。

それをしっかりと味わったら、今度は言葉でまとめます。臨場吟味は、感覚で体験しただけです。そのまま、まとめないでいると、また記憶の海の中に戻っていってしまいます。ひと言でもいいので言葉でまとめておきます。**それが「体験要約」です。**絵にしても構いませんが、一番簡単なのは、言葉です。

ここで言うならば、入社式の場面は、「仲間がいる！　という感覚」という言葉にまとめておきます。この言葉を思い出すだけで、入社式の場面とその意味合いを思い出すことができるようになり、その感覚を別の場面でも瞬時に利用できるようになるのです。

視座の転換

「目をつける」「掘り下げる」「引き出す」の、どのプロセスでも使える技術に「視座の転換」があります。

視座の転換は、私たちの、ともすれば狭くなってしまう視野を広げてくれます。

普通に暮らしていれば、私たちは自分の視座からものを見て、それで事足りると思っています。

しかし、他人は他人の視座からものを見ているのです。世界の見え方が違います。そもそも一人ひとり見ている世界が違うのだという前提に立つとき、他人の視座からものを見てみようという態度はとても重要です。

視座はそれこそ無限にあるわけですが、単純化すると次の3つに分類できます。覚えておきましょう。

1．自分の視座

2. 他人の視座
3. 俯瞰の視座

「自分の視座」は、まさに自分のものだからわかっているように思うかもしれませんが、よくよく状況を臨場感をもって味わってみると発見があります。過去の自分の視座もあれば、未来の自分の視座もあります。

「他人の視座」は、仲間内の他人もいれば、第三者としての他人もいます。味わおうとしている場面の中に登場する人物の視座です。この視座からは、自分のことを外側から見ることや、その人が感じていることを味わうこともできます。

「俯瞰の視座」は、状況全体を俯瞰できる視座のことです。具体的に、思い出の場面の中の一点に設定しても構いませんし、全体を把握したときにとりうる視座でも構いません。

過去の一時点において、そのときの関係者各々の視座を味わっていくことで、当時の状況の全体像が立体的に感得され、認識が拡大します。

かつて、A社のB部門は人間関係が良好だったとします。そのときの関係者一人ひとりの視座を味わってみると、どうして人間関係が良好だったのか、何がよかったのか、どんなことがあったからよかったのかということが見えてきます。

「C部長の気持ちを味わってみると、息子や娘のように部下をかわいがっているなあ」

「D先輩は、手本を見せようと頑張っ

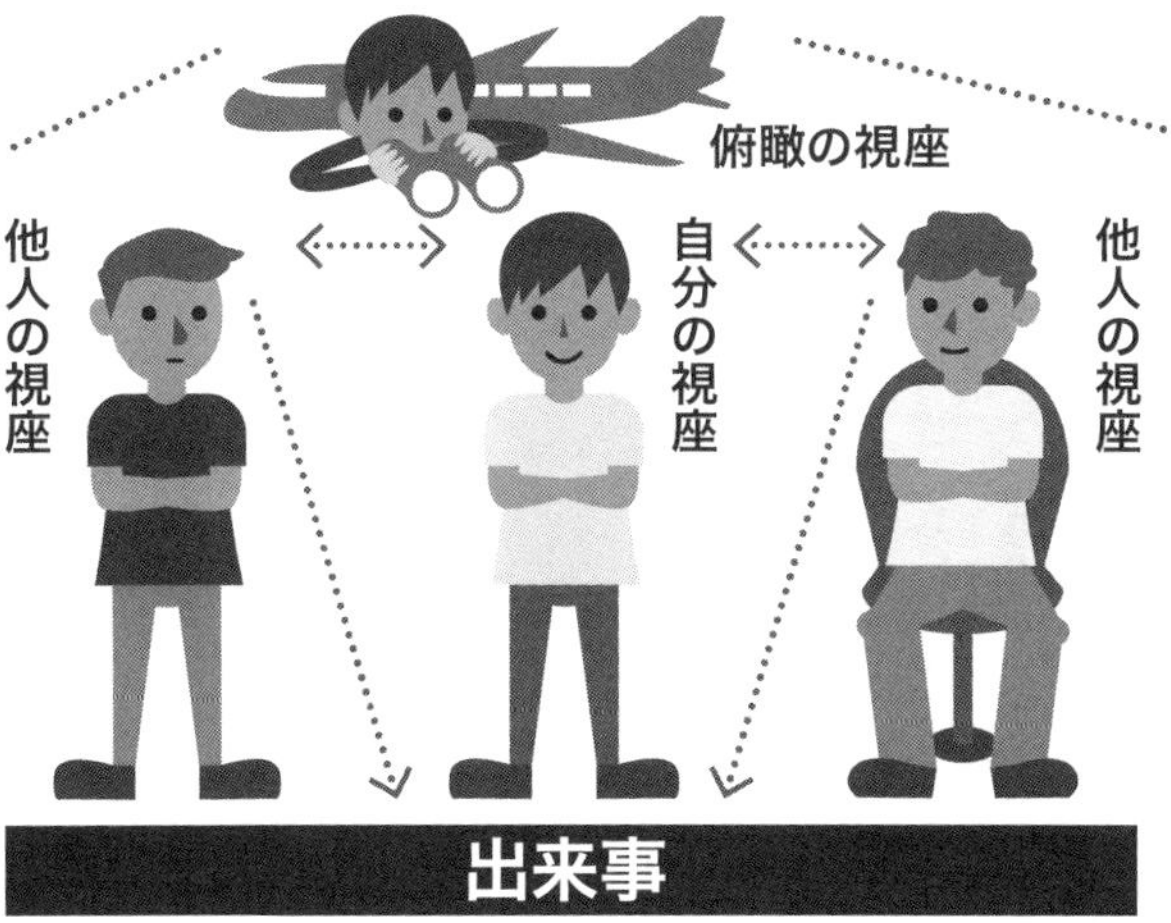

ている。そういえば、内勤の業務課の人たちに、お土産としてよくシュークリームを買っていたな」

「Eさんは、営業途中に宴会グッズを買ったりして、懇親会の企画を練っていたなあ」

「Fさんは、仕事きっちり」

「Gさんは、いつも部長から怒られていたけれど、それほど嫌な気はしていなかったみたいだ」

「全体を俯瞰してみると、ああ、当時は業績も好調で、上長の機嫌はいいし、若い社員が多くて、みんな元気で、よくカラオケに行ったり、懇親会を開いていたな」


しかし現在は、そのA社のB部門では人間関係が険悪な状態だとします。その場合、関係が悪化し始めた時点に焦点をあてます。**そのときの各人の視座を味わっていき、どうして関係が変化したのかについての認識を得るのです。**

「C部長の視座から見てみると、部下の気持ちがあまりわからない感じがするなぁ。数字をあげろと常に部長会で追及されていて、いつも疲れているようだ」

「Eさんは、最近では懇親会もないので、あまり楽しさを感じていないみたいだ。仕事より家庭を優先している感じがする」

「古参のHさんは、体力がないからいつも疲れている。それなのに行動が遅いと怒られていて、音をあげたい気分だ」

「若いJさんは、パソコンが得意で重宝されているけれどマイペースで、部門のことはあまり気にしていないみたいだ」

「全体を俯瞰してみると、今では、中高年の社員ばかりだなぁ。ここのところ業績はふるわないし、飲み会もほとんどないなぁ。若い人もおとなしい人が多いし、本部からの指示が多すぎて、みんなこなせずにストレスを感じているな」

時間を未来に進めて、そんな人間関係を改善したいとするならば、改善されたあとの各人の視座を体験してみます。怒っていた人は、どうして怒りを静められたのでしょうか? 無視していた人は、どうして無視しなくなったのでしょうか。**各自**

の視座から体感し、考察します。

「C部長の視座から見たら、部下の気持ちがよく理解できて、冗談を言ってみんなで笑いあいながら、数字もあがって、部長会でも鼻高々だったらいいだろうな」

「Eさんには、もう一人くらい宴会を企画する仲間がいて、いろいろなアイデアで余興を企画できていたら、いきいきとするだろうな」

「Hさんは、体力にあった仕事の仕方を認めてもらえて、自分らしいやり方で数字をあげられていたらいいだろうな」

「Jさんは、マニアックな趣味について語ってもみんなが理解してくれたり、興味を持ってくれていたらもっと居心地がいいだろうな」

「全体を俯瞰してみて、もしも望ましい未来だったら、本部からの指示を一人ひとりが理解していて、自分らしいやり方で取り組んで、部内ではお互いに励まし合い、苦手な部分を補い合って、みんなで目標を達成しようと気持ちを一つにしているとよさそうだ。朝なんて、元気に挨拶しているし、活発なミーティングで笑いが絶え

ない状態だろうな」

このように具体的に思い描いていくと、まだ起きていない、未来の望ましい変化について、必要な情報が得られます。**必要な情報とは、何がどうなっていて、誰が何をどのようにしているのか、一人ひとりが何をどう感じ、何をどう考えているのかという、具体的な状況の詳細のことです。**

それがわかれば、実現するために何をすればいいのか、今から何をしたらその状況に近づけるのかを考えていくことができるのです。

視座の転換の統合

自分の視座から見たらどう見えるか、どう感じられるかを味わい、他人の視座からはどう見えたのか、どう感じられたのか。場面全体を俯瞰したらどう見えるのか感じられるのか。それらを順番にゆっくりと味わっていきます。

そうしていると自ずと、その場面の意味合いが理解されてきます。

ある部門のP部長には悩みの種がありました。優秀な部下であるQさんの業績が思わしくないのです。半年前までは、部門トップの成績をあげていたのに、今では、部門の平均以下の実績しかあげていません。ショート・ミーティングを行って、Qさんの様子を聞くのですが、質問にも生返事しかせず、覇気《はき》がありません。

そこでP部長は、いつからQさんは今のような状態になってしまったのかと、振り返ってみました。半年前までは絶好調だったのです。しかし、いつのまにか成績が落ちてしまった。一体いつからか……。

思い当たったのは、半年前の業績評価面談でした。Qさんは、入社以来業績をあげており、若手の中でも有望株と目されていました。数ヶ月間、連続でトップ3に入る成績をあげていたQさんのことをP部長も買っていて、もっともっと業績を伸ばして欲しいと思っていました。

その面談は、業績評価制度に基づいて、ボーナスの査定結果を伝えるのが目的でした。

査定の結果は、Qさんの自己評価の申告よりも低い評価になっていました。P部長としては、Qさんの希望を叶えてあげたかったのですが、上位部門の調整が入って、結果としてはQさんの希望通りの評価とはなりませんでした。

P部長は面談の席で、過去半年の行動を取りあげて、Qさんの至らない点を指摘しました。意図したのは、指摘した点を改善してもっと頑張っていけば、かならず評価は高まるのだから、というものでした。

伝えるべきことを伝え終えて、P部長は聞きました。

「何か、意見とか質問とかあったら言ってくれ」
「いえ、特にありません」

しかし、面談を終えたときには、Qさんは不機嫌そうな顔をしていました。そんなことを思い出したのです。当時のQさんの立場になって、Qさんの気持ちを味わってみました。

「これまで全力で努力してきたのにこの結果か」
「部長は、ダメなところしか言わない」
「できていたつもりだったけど、自分には能力がないのかもしれない」
「あれだけ努力したのに給料があがらないのなら、他の仕事を探したほうがいいかもしれない」

などと、Qさんの感じていそうなことが思い浮かびました。

考えてみれば、面談の席でP部長は、Qさんのいいところを一切褒めていませんでした。ついつい、もっとよくなって欲しいという思いで、ダメな点、改善すべき点をすべて数えあげて伝えていたのでした。

Qさんには、P部長が評価しているところは一切伝わらず、ダメだというメッセージしか伝わっていなかったのだということに気づいたのです。

「自分としては、今回の評価に一喜一憂するなということを伝えたかったのに」

まったく逆効果だったようでした。そこで、この気づきを活かして、あらためてP部長はQさんと面談しました。まず、Qさんに、今何を感じ、何を考えているのか。あの面談のことをどう感じているのかを、話してもらいました。

Qさんはなかなか言いづらそうでしたが、P部長は、自分のQさんへの期待を伝え、もしも誤解をしているならば、誤解を解きたいということを、誠意をもって伝えました。

部員の誰もが業績をあげてもらいたいと思っているし、Qさんには特に期待しているのだということ。そして評価制度の仕組みと、今後どうすれば評価を高めることができるのかを伝えました。

すると、ようやくQさんは口を開き、「自分の努力がまったく評価されていなかったことに愕然とし、今後どうしていけばいいのかわからなくなっていた」と語りました。改善しろと言われたことも、改善しようとしたけれど、すぐに結果に繋がらないことばかりで、とても無理だと絶望していたのだそうです。

このような話し合いをもつことで、Qさんはあらためてやる気を出し、以前のような成績をあげるようになったそうです。

現状を正しく認識し、何が起きているのかを把握し、的確に対応する。そのために「振り返り」は頻繁に行っていく必要があるのです。

もう一つ、ある部門の中で、職場の仲間からいじめを受けていたRさんの例です。

「どうしてこんな目に遭わなければいけないんだろう?」と、彼は心の中でいつも仲間を非難していました。

そこで、視座の転換をして、同僚や上司の視座を味わってみてもらいました。すると、今まで見えていなかった部門の課題や上司の思い、同僚の気遣いなどが見えてきました。

「自分の仕事さえ完璧にしていればいい」というそれまでの考えが、いかに一面的であったかに気づき、いじめだと受け止めていた同僚の発言が、実は苦しみながらも仲間を応援する言葉だったことに気づいたのです。

それ以後は、もっと上司や同僚との意思疎通をはかることにし、関係を改善させることができたそうです。

私たちは、極めて限られた視野でものごとをとらえています。それは「私たちは常に特定の視座からものを見ている」からです。

この視座の転換によって、いくつもの視座を体験し、さらにそれを統合することで、**今まで見えなかったものを見ることができるのです。**

2

「過去の自分」という宝の山の活用術

どうありたいのか

私は「夢」という言葉を使いますが、前述のように、ビジネスの現場では「ビジョン」などと呼ばれています。

「あなたのビジョンは何ですか？」

この問いに即答できる人は、なかなかいません。即答できるのは、日頃から考えている人か、頭の回転が速くてその場の空気を読める人くらいなものです。

日頃から考えている人が答えられるのはもちろんとして、空気を読める人は、問いかけてきた人が求めているものを察知して答えているだけです。

しかし、その場を取り繕って答えられたからといって、自分の人生が改善したり向上したりするはずがありません。

あくまでも、他人にどう見せるかではなく、自分はどう生きたいのか。どうありたいのかということが大事なのです。

それを探求するために、過去の自分を振り返ってみるのです。

自分が何に感動し、何に悦びを見出し、何にわくわくするのかは、過去の体験にあります。**今の自分を形づくっているのは、過去の自分の経験だからです。**

たとえば、あるときおいしい料理を初めて食べて、その味覚に目覚めた人がいるとします。その人はその後、もっとおいしい物はないかと食べ歩きをしていきます。うまい物、まずい物、さまざまな料理を食べていきます。彼にとってその食べ歩きの経験の総体が、現在の料理に対する好き嫌いをつくっています。**過去の経験を振**

り返るとき、何が好きで、何が嫌いなのかが見えてきます。

仕事でも生き方でも同じことです。現在の自分が好きだと思っていることは、すべて過去の経験に基づいています。**過去の中に、自分の判断基準となった体験や基準を示すヒントが眠っているのです。**

日常をせわしなく生きていると、そういった過去が示すヒントを見過ごしてしまいます。だからこそ、時間を取ってしっかりと振り返りたいのです。

何を創りたいのか

自らの過去を振り返り、生き方や働き方、日々の過ごし方について理解を深めたとしたら、**次に考えるべきは「何をしたいか」です。**

つまり、どうありたいかを探求し、そのための素材を過去に探し出したら、次に、**未来に「何を創りたいか」を探求するのです。**具体的にやりたいこと、成し遂げてみたいこと、携わりたいことです。

ビジネスでいえば、商品・サービスなどの開発ということもあるでしょう。大きなプロジェクトに携わりたいとしたら、どんな規模のどんな内容のプロジェクトでしょうか。また、どんな実績をあげたいのでしょうか。どんな技術を身につけたいのでしょうか。人との関わりの場合は、どんな人間関係を築きたいでしょうか。

それを考えるためにも、振り返りが役に立ちます。

土台とすべきは何か

次に、過去から今後を生きるための知恵を探り出していくにあたって、さまざまな出来事を思い出し、味わっていきます。その味わったものから、土台と素材が創られているという考え方をすると便利です。

土台について、個人的現実における内面と外面から考えていきましょう。

過去の個人的現実の内面は、私たちの心で感じてきた過去です。これは、行動の指針となったり軸となったりします。過去の体験で感じたこと、考えたこと、思いなどを振り返るのです。

それを見つけると、今後生きていきたい方向性や価値観を明確にすることができます。**自分が何に悦ぶのかという「悦びポイント」も見つけることができます。**

「悦びポイント」とは、自分がむちゃくちゃ楽しくなったり、没頭してしまったり、充実しているなあと感じられる、状況や行動のことです。「悦びポイント」を刺激すると、脳内では快楽物質が出てきて、気持ちよくなってしまいます。

実際に快楽物質が出ているかどうかは確認できなくても、自分がとても気持ちよくなっているということは感じることができるので、気持ちよかったときの状況や行動を見つければ、自分の「悦びポイント」がわかります。

過去の個人的現実の外面は、実際にやってきた行動や実績です。運動部に入って体力をつけた方ならば、その肉体が過去の行動の総体を表す現在です。英語の勉強をしっかりやった証としてのＴＯＥＩＣの点数も実績です。留学したことがあるとか、旅行をして見聞を広めてきたなどというのも個人的現実の外面の実績です。

個人的外面は私たちの社会的現実とも接続しています。そのため、これまでに築いてきた人間関係、友人関係、職業やボランティアの経験などは、個人的外面の実績であり、同時に社会的現実の実績でもあります。

これまでに感じてきたこと、やってきたこと。これらが現在という土台を創っています。**土台を認識するために振り返るのです。**私たちは、ふわふわとした空間に浮遊しているのではありません。確固たる土台の上に立っているのだということをしっかり思い出すのです。

素材とすべきは何か

そのうえで、何をしたいのかに従って、過去の素材を探します。

フランスで仕事をしたいと考えるならば、新たにフランス語を勉強しなければならないかもしれません。もしも、かつて英語を一生懸命勉強したことがあるならば、語学学習のコツなどを思い出して活かすことができます。
語学はからっきしダメだという方も、勉強したりこつこつ努力して何かを身につけた体験を探してみましょう。

そうすると、バスケットボールの部活動でパスの練習をしたり、ゲームプランに基づいたオフェンスのパターンを何度も練習したことを思い出すかもしれません。そのときに得られたコツや知恵を今後のフランス語学習に活かしたり、あのきつい練習を乗り越えることのできた自分なら、フランス語学習も乗り越えられるという自信にしたりすることができます。

未来にやりたいことは、現時点では骨組みしかありません。それを具体化し、肉づけするために、過去の経験から素材を探してきて、有効に活用するのです。

「やる気の素」を過去から引き出す

どんな風に生きたいか。どんな風に仕事をしていきたいか。

そんな問いを投げかけると、即座に答えの出ない人が多いようです。それもそのはず、日々目の前の仕事を片づけるのに精一杯で、そんな問題を考える機会もないのです。日頃から考えていることでなければ、すぐに答えることなどできません。

自分の人生です。本当はどうありたいのか。一度しっかり考えてみても悪くありません。特に、どんな「気分」を味わいたいのかということを。

たとえば、

「ゆったりした気分で過ごしていたい」

と感じていたとしましょう。しかし、日々の仕事に追われ、音《ね》もあげずに頑張っていると疲弊してきます。

「いつか、ゆったりと過ごせるようになりたい」

漠然とそう考えていても、「ゆったり過ごせるように」はなりません。自分が心地よいと感じる生き方、暮らし方を積極的に取り入れたいものです。

そのためには、まず、自分が心地よいのはどんな状態なのか、どんな働き方だったらいきいきできるのか、という自分の感覚を探る必要があります。

そして、そのためには過去の記憶を思い出す「振り返り」が有効です。楽しかったときはどんな状態だったのか。何をしているときに没頭していたのか。そのときに、何があったから、またはどうだったから没頭できたのか。そんなことをじっくりと味わって思い出してみると、自分にとってどんな状態が好きなのかがわかります。

もちろん、一つだけということはありません。条件や場合によって、自分にとって快適な状態は異なります。仕事のときと遊びのとき。友人と過ごすときと家族と過ごすとき。お風呂に入ってくつろいでいるときと、重大な決断をしなければならないときなど。さまざまな場面の中で、よかったときと悪かったときのことを思い出して、比較してみましょう。

その探求の過程で、自分に必要な「気分」の条件という素材が手に入ります。

過去には「やる気の素」のヒントが詰まっている

私の大好きな言葉に「仕事が人をつくる」というものがあります。

仕事は毎日取り組むもので、仕事の要求に合わせるようにして、私たちは自分をつくりかえているのです。

仕事の要求にどのように合わせるのか。アプローチの方法がいくつかあります。

仕事に取り組む3つのアプローチを紹介します。

――上昇達成系の動機を満たすアプローチ――

「上昇達成系の動機を満たすアプローチ」は、自分の成長を感じたり、上昇志向の願望が満たされたり、何かの目標を達成したりしたときに悦びを感じる人のアプローチです。その悦びを得られるように仕事をしていきます。

たとえば営業職の方であれば、常にあらゆる手段を使って売上数字や受注金額を追いかけています。狙った獲物を逃がさない、動物的な本能を全開にして取り組む方もいるでしょう。苦労した甲斐があって大口の受注がとれたときには、たまらなく嬉しいはずです。

――人間関係系の動機を満たすアプローチ――

「人間関係系の動機を満たすアプローチ」は、人との繋がりを実感したときや、感謝されたとき、または人に対する感謝の気持ちが湧いてきたとき、仲間との一体感が得られたときや、愛情に包まれる、または愛情を注いだときに悦びを感じる人のアプローチです。

たとえば営業職の方の中でも、競争しようという意欲よりも、お客さまから感謝されたり、みんなで協力しながら大口案件に取り組む場面で、みんなと一体になれたときに悦びを感じる方もいます。

数字、数字と言っていないにもかかわらず、営業成績のよい営業職の方は、この

「人間関係系の動機を満たすアプローチ」をつかって成績をあげている可能性があります。

――論理・手続き系の動機を満たすアプローチ――

「論理・手続き系の動機を満たすアプローチ」は、論理的な整合性がとれていないのは気持ちが悪くて許せず、手続きや順番などが整然としていないとそれを正さずには済まないタイプの人のアプローチです。

プログラムの正確性やデザインへのこだわり、手続きの踏み方についての理想があり、そこを重視する方のアプローチです。

たとえば、経理の仕事に携わっている人は、数字一つの誤差も見逃さず、合計金額がピタッと合ったときに仕事の満足感を得ます。もしも数字が合わないということがあれば、どこに原因があるかを考察し調査し、結果として原因が見つかり、修正をかけ、数字がピタリと合った日には、深い満足感を得ます。

これら三種類のアプローチは、誰の行動にも含まれています。どれか一つのアプローチが突出して強いという傾向があり、残り二つのアプローチは弱めですが、それら二つの強度もそれぞれです。

どんな仕事についたとしても、人それぞれ最適なアプローチは異なります。**自分の採用したアプローチを続けることで、自分の仕事の仕方、好み、考え方が強化され、大きく育っていきます。**使えば使うほど筋肉が育つようなものです。

より正確に言えば、その仕事に対するアプローチの繰り返しが、その人をつくるのですが、**簡単に表現すると、「仕事が人をつくる」ということになるのです。**

この三種類の動機づけの比率は、固定的なものではありません。職務の変更や部署の移動などにより仕事内容が変わると、三種類の動機づけの比率も変わります。**私は、ある心理テストによって自分の性格の傾向を調べたことがあります。それも同じテストを、時期を分けて二度受けました。**

取引契約書の法務チェックの仕事をメインで行っていたときには、「論理・手続き系の動機」が強いという結果が出ました。常に契約書の文言とにらめっこをして、重箱の隅をつつくような指摘事項を探しあげ、取引先と交渉していたのです。

そのため、論理的であること、手順や手続きの厳格さなどに重きを置くような性格傾向が出ていたようです。

その後数年して、労働組合の役員となりました。職場集会を開いて意見を聞き、それをとりまとめることに日々取り組んでいたのです。そのときに行った同じ心理テストでは、「人間関係系の動機」が強いという結果が出ました。

日々の仕事の仕方は、私たちの価値観や性格の傾向をつくりあげていきます。自分という存在は昔から今まで一切変わらなかったというものではありません。**私たちは、むしろ常に新しいのです。**最新の自分を振り返り、過去の自分とも比較して、**真に自分らしい人生を生きるために、現代社会では「振り返り」がますます重要性を帯びています。**

3

「行きたい未来に必要な過去」を軸にする

今の気持ちを振り返る

「もっとましな暮らしをしたい」
「成功したい」
「独立起業したい」

など、さまざまな思いを抱えているのが私たちです。将来どうなりたいかを考えると、ただ未来に思いを馳せて身もだえしているだけという人も多いものです。

未来を変えたいと思うならば、やはり振り返りが大事です。

まず何から振り返るかといえば、それは現在の自分です。

現在の自分の振り返り方を紹介します。

1. 体のチェック

まず、体のチェックから始めます。手足を伸ばして、ストレッチする要領で、体の伸びやかさを感じてみて下さい。こわばっているのか柔軟なのか。どこかに滞りなどないか。体を動かして、呼吸はどうか。気づいたことを書き留めていきましょう。

2. ハートのチェック

ハートは感情の象徴です。今、何を感じているのかを思い返してみましょう。どのように感じるかについて理由は不要です。なぜそう感じるのかについては、後で考えることにして、今は感情のみに注意を向けましょう。喜怒哀楽のどの感情が強いかを確認するためには、喜怒哀楽の４つの感情を顔で表現してみます。

悦んだ顔、怒った顔、哀しい顔、楽しんでいる顔。

顔の表情を変えてみると、ハートに一番しっくりくる顔を感じるかもしれません。その顔の感情が今の自分に一番ふさわしいのかもしれません。感情を探って気づいたことを書き留めてみましょう。

3. 頭のチェック

頭は、思考の象徴です。私たちは頭で何を考えているのか。独り言のように話してもいいですし、独り言をノートに書きつけてみるのも有効です。思いをすべて吐き出します。

このようにチェックしているだけでも気分がすっきりしてくるかもしれません。すっきりしたところで、今の気持ちはひと言で言うとどうなのか、書き留めてみましょう。

この現在の状況を踏まえて、将来について考えてみましょう。

行きたい未来についての思いを振り返る

未来とか将来といったときに、どれくらい先のことを思い浮かべますか？

明日、三ヶ月後、一年後……。

パッと思いついた未来の時点を書き留めてみましょう。厳密でなくても構いません。


今、思いついた未来の時期は、あなたにとってどんな意味があるのでしょうか。

「転機だ」

「大きなイベントの当日だ」

など思いつくことを書き出してみましょう。


または、意味はすぐに思いつかないという場合、最近その時期のことについて考えたことはありますか？　思い出してみて、何か気づいたことがあれば書き留めてみましょう。

そんなことを考えているうちに、別の未来の時点を想像していたとしたら、そちらについて考えを進めて下さい。

その未来は、今の時点では、なんとなく思い描いただけです。その想像の未来が現実になったとしたら、満足度は10点満点中、何点になるでしょうか。5点ですか？　7点ですか？　直感で書き留めてみましょう。

では、その時点で10点満点だったら、どんなことが起きているでしょうか。想像してみましょう。あなたにとって都合のいい未来で結構です。満点なのですから、最高な気分を味わっているはずです。あらゆることが成功していて、みんなも笑顔で大満足という場面かもしれません。

その場面は、どんなところで、誰と何をしている場面でしょうか。その場所の、周囲の風景、人の姿、声や音、あなたの体の感覚などを思い描いて、深く味わってみましょう。

メモに取ったり、絵に表したりして味わってから、それをひと言で言うとどんな未来なのか、言葉にしてみましょう。

行きたい未来に必要な過去を認識する

未来のありたい姿、つまり「心躍る未来像」が、あなたにとって望ましいのであれば、その未来像が、あなたの目指すものです。その未来に向かってまっしぐらに突き進んでいくことができます。

「さあ、まっしぐらにどうぞ!」

と言われても困る方もいますね。

「現在の状況とずいぶんかけ離れている!」

「想像だけだから、全然現実的でない!」

「そもそもギャップがありすぎる！」

当然、想像しただけなので、現実とはかけ離れているかもしれません。ギャップがあるのは当然です。

ということは、そのギャップを埋めていくのが、これからやることなのです。

ギャップを埋めるためにできることを、書き出してみてはいかがでしょうか。

書き出したら、その未来を実現するための要素も書き出してみましょう。

・必要な能力（計数管理能力、交渉力、語学力など）
・必要な資質（誠実さ、努力、乗り越える気持ち、あきらめない気持ちなど）
・必要な知識（地域経済の知識、業界の知識、不動産の知識、知的財産権の知識など）

などなど。

あなたの「心躍る未来像」を実現するために必要な要素を書き出せたら、その要素に関連する出来事や体験を、あなたの過去の中に探してみましょう。

過去の中を探すコツは、まさに「必要な能力」「必要な資質」「必要な知識」に少しでも関係する出来事や体験を思い出すことです。

計数管理能力を磨かなければならないとするなら、数学や算数などでうまくできた体験、もともと計数管理が苦手だったら、苦手な物を克服した体験、計数管理とまったく関係ないことで楽々とこなせたときの体験などを思い出して下さい。

その出来事や体験をよく味わってみてから、この場合計数管理能力を磨いていくために、活かせることやものを探り出してみて下さい。

4 〝振り返り〟におけるメンタルのつくり方

出来事の局面を選ぶ

振り返るときには、「ある日、あるとき、ある一秒間」を選ぶ必要があります。

あらゆる出来事は、ある一定の時間継続し、変化していきます。

商談であれば、商談の申し入れがあり、準備があり、面談の場に向かう移動の時間があり、商談場所への到着、お客さまとの対面、挨拶、名刺交換、自己紹介、雑談、自社紹介、お客さまのご要望ヒアリング、自社商品・サービスの提案、意見交換、次回面談の日程調整、挨拶、商談場所からの退場、移動……。このように、一つの出来事でも変化し続けていくわけです。変化の過程をずっと追っていくと、次第に焦点がずれていったり、目的がわからなくなってしまいます。

そのため、大まかに出来事の局面を5つに分けて、どの局面のどの一場面かと考えると、味わうべき最適な場面を見つけることができます。

出来事の5つの局面

1. 事前
2. 始点
3. 過程
4. 終点
5. 事後

大まかに見当をつけて、その当時のその瞬間がどうだったのかを具体的に思い出し、味わいます。

今後に活かせる「引き出したい知恵」

振り返りは、文字通りの振り返りだけで終わってしまっては道半ばであり十分ではありません。

振り返りは、「引き出し」にまで至りたいのです。

では、何を引き出すのか。それは知恵であり価値です。

次の3つの要素が含まれている知恵や価値を引き出したいのです。

1. 実行可能
2. 利用可能
3. 応用可能

まず、振り返りによって得た知見が実行可能なものであること。そのまま実行できる知恵や価値を引き出すことができたらいいですね。

たとえば、これからのビジネスで必要な情報を探していたときに振り返りを行い、かつての恩師の人脈をたどったら必要な人に会えそうだ、ということに気づいたとします。恩師の連絡先を調べて連絡することは、実行可能です。

また、直近の失敗を振り返り、何がまずかったのかを掘り下げます。自分の失敗であれば、失敗しない方法を導き出します。

これは、企業の本社から駐在所まで、ネット注文で鉛筆1本からお届けすることを売りにしている、オフィス文具の通販会社の例です。

仮に、顧客企業から「コピー用紙を1箱発注したはずが、10箱届いた」というクレームを受けたとします。注文の入力データを調べると数量は「1」でした。しかし、その商品番号は、1箱のコピー用紙を10箱まとめ買いするための商品番号だったのです。

その原因を調査していくと、カタログの表記が、1箱の商品番号よりも、10箱パックの商品番号の方を大きく表示していることから、お客さまが1箱欲しい場合でも、10箱パックの商品番号を入力してしまうようだとわかりました。

そこで注文システムの変更をし、商品番号入力後、ポップアップ画面を表示し、10箱パックであることに注意を喚起するようにしました。

お客さまの失敗は、ありうるものとして受け止め、その発生プロセスを振り返ることで、原因の特定、改善策の策定をしていきます。

この事例は、お客さまの事務用品発注の仕組みに関するミスです。しかし、これを注文の仕組み全般においても起こりうることだと、抽象度を一段高めて考えることができれば、あらゆる資材や部品の発注から販売までの、サプライチェーン・システム改善のアイデアに活かすことができます。

このように、一つの失敗からその本質的な構造を取り出して、一段抽象度の高い知恵を引き出すことができれば、他の事例にも応用することができます。応用できるところまで問題の本質に切り込み、知恵を引き出すことができると、それは「応用可能」ということができます。

仕事に対する価値観を知るための振り返り

うまくいっているときはいいのですが、何かに行き詰まったり、転機を迎えたときには、自分の依って立つ価値観が揺らいでしまうことがあります。

たとえば、突然のリストラ、突然の配置転換、突然の降格など。

「何のために仕事をしてきたんだろう」
「本当にやりたいことは何だったんだろう」
「これからどうしていったらいいのだろう」

もともとは目の前の現実が変化したために揺らいだのであっても、自分の価値観や判断基準が揺らいでしまうと、目の前の状況にうまく対処できなくなります。

そんなときは、今一度自分の仕事に対する価値観を振り返ることが有効です。

転換期において、仕事に対する価値観を振り返る際には、範囲を仕事や職業に限定せずに、幼少期のことも対象にして振り返るのが得策です。
次に挙げる各項目を思いつく限り書き出してみましょう。

・やっていて楽しかったこと
・好きだと思えたこと
・得意だったこと
・没頭していたこと
・憧れていた仕事や職業

書き出した言葉を見ながら、特に胸に響く言葉を3つほど選び出して、それぞれの言葉から思い出される風景や出来事、当時の人間関係などを思い出してみましょう。

もしかすると、4歳ぐらいの頃に公園の砂場で友達と遊んでいて、砂の山やダムをつくっていたことを思い出すかもしれません。

そのときの風景を、想像で補いながらその場にいるかのようにありありと思い出し、味わってみましょう。

その場面を味わってから、その場面の何がいいのか、どうしていいなと感じられたのかを、ひと言でまとめてみましょう。


ひと言でまとめた言葉と仕事のやりがいとを結びつけて考えてみると、仕事において何を大事にして、何に価値を置きたいのかが見えてきます。


これは、仕事に出会う前の自分が持っていた価値観です。この感覚はあなたの仕事に対する価値観の一部を構成していながら、現在ではそれほど満たされていない可能性があります。

幼い頃のことを振り返ったら、これまでの仕事の場面で、同じく先ほどの項目に相当する出来事を思い出してみましょう。仕事における価値観が見つかってきます。

悦びポイントを知るための振り返り

「仕事に対する価値観」というのは、

- 仕事において、何を大事にしたいのか
- 仕事において、どこにこだわりたいのか
- 仕事において、どういうことは譲れないのか
- 仕事において、何に楽しみを見出すのか
- 仕事において、何がどうなったら悦びを感じるのか

ということについてのあなたの気持ちです。

その中でも「何がどうなったら悦びを感じるのか」という点は、見過ごされがちですが、とても重要なポイントです。私は価値観の中でもこの要素を仕事の「悦びポイント」と呼んで重視しています。

「悦びポイント」というのは、かゆいところをかいたら気持ちいいけれど、関係ないところをかいても痛いだけだというようなピンポイントで気持ちいいところ、という意味で呼んでいます。

生きる勇気を取り戻すための振り返り

ショックな出来事があったり、傷ついたりすることは、いつでもあります。生きる勇気を失いそうになることだってあります。

そんなときに、

「落ち込むな!」

というのは無理な話です。**一時的に落ち込むことはむしろ大事なことです。**

しっかりと自分の感情を味わいきった方がよいのです。**常に元気でないといけないとか、活動的でないといけないなどと考えてしまうと、かえって辛くなってしま**

います。

一度落ち込んでも、立ちあがることができればよいではないですか。

そのために、「振り返り」をしましょう。

生きる勇気を取り戻すための「振り返り」では、次に挙げるような体験を思い出しましょう。

・チャレンジした体験

新しいことに取り組んだり、未知の世界に足を踏み入れた体験です。中学校で初めて部活の練習に参加したこと。楽器を始めたこと。初めてパソコンをさわったときのことなど。

探していけば、たくさんのチャレンジ体験が見つかるはずです。

・苦難を乗り越えられた体験

辛かったこと、難しいことに対して努力をしたり、克服した体験です。試合に勝ったとか入試に合格したとか、勇気を持って意見したとか、きつい練習に耐えたといった体験です。

・生きていてよかったと感じた体験

いろいろな意味で、生きていてよかったと思う体験はあると思います。苦労が報われたとか、感謝されたとか、九死に一生を得たとか、待った甲斐があったとか、とても楽しい思いをしたとか。誰でもこうした体験はあるはずです。

・誰かのおかげで助かった体験

窮地に陥ったときに、誰かが助けてくれたという体験も、誰しもあると思います。かばってくれたとか、手伝ってくれた、効果的なアドバイスをもらえた、応援してくれた、見守ってくれたという体験です。

・他人の親切が身にしみた体験

些細な親切から気遣い、思いやり、手助けなど、胸にジーンと染み入る体験です。
両親の配慮、先生の思いやり、友達の助言、友情、恋人の深い思いなどを思い出してみて下さい。

・人の役に立った体験

人生はお互いさまです。助けられた体験のみならず、あなたが誰かの役に立ったり、手助けをしたり、お世話をしたりしたこともあるはずです。

忘れ物を警察に届けたとか、白い杖を持つ方の手を引いて案内したとか、乗り物で席を譲ったとか、相手が必要なものを貸したなど、何でも結構ですから思い出してみて下さい。

・誰かに深く感謝された体験

思いがけず自分のしたことを感謝されたり、心を込めてやったことを感謝されたりしたことがあるはずです。

大きなことでなくても構いません。ちょっとした気づかいに感謝されたとか、すばらしい提案を感謝されたとか、誰かに感謝された体験を思い出してみましょう。

右に挙げた体験は、これまでの人生で自分が「頑張ったという事実を思い出すという振り返り」と、「他人との繋がりを思い出す振り返り」です。

行動して頑張ってきた自分を思い出すことで、生きる力を取り戻し、他人との繋がりを思い出すことで、人は一人では生きていけないのだということ、お互いさまで助け合うのだということを思い出し、人間関係の力を取り戻します。

5 過去はアイデアを創出する基盤となる

価値を創造する

過去に学ぶと、どうして新しい価値を創造することができるというのでしょうか。

この問いに答えるためには、アイデアの創出プロセスを理解しておく必要があります。

アイデア創出法について書かれた本はたくさんあります。最近目にしたものでは、『インクルージョン思考』（石田章洋著　大和書房）が、特にわかりやすく説明してありました。

ここでは、古典的名著『アイデアのつくり方』（ジェームス・W・ヤング著 CCCメディアハウス）によりながら、アイデア創出のプロセスを見ていきましょう。

この本はアメリカの広告界で名をなした実業家の著書で、アイデア創出法の古典として知られているものです。解説を書いているのが故・竹内均氏で、その中で創出のプロセスを次のようにまとめています。

1. データ（資料）集め
2. データの咀嚼《そしゃく》
3. データの組み合わせ
4. 発見した瞬間
5. アイデアのチェック

ジェームス・W・ヤングのアイデア創出法の核心は、「組み合わせ」にあります。

組み合わせると新しいアイデアが生まれるのです。

アイデアを創出したい場合、大概は特定のジャンルがあります。たとえるならば、新しい車についてのアイデアだとか、新しいコーヒーの販売方法などです。そのような特定ジャンルの知識や情報と、その他一般的で既存の事物についての知識や情報を組み合わせるということです。

「特定ジャンルの知識」と「既存の知識」

既存の知識。まさに過去のことです。**つまり振り返るということは、現在にいる自分と過去の情報とを組み合わせているということなのです。**だから、振り返っただけで、組み合わせが起こります。そのため、新しい知識が生まれるのです。

実際に夢実現応援の対話では、とにかくよく振り返ります。途中まで話していて、

「ここまで話してみてどうですか？」

と問いかけます。するとお客さまは、そこで立ち止まり、それまでの対話を振り返り、その時点で気づいたことを話してくれます。この瞬間に、新しい気づきが誕生するのです。

過去というデータを集めるには、目的を明確にしよう

アイデア創出法において、探求したいテーマを決めて、そのテーマに関する知識と情報に、それとは関係のない既存の事物の知識を組み合わせていくと申しました。この構造は、振り返りに共通しています。

「目をつける」のところで述べましたが、まず、何に意識を向けるのかを定めます。それは振り返りの目的を明確にすることでもあり、特定のテーマにおいてアイデアを生み出そうと決めることでもあるのです。

意図して決めるということを大切にして下さい。

というのも、私たちはどんなに無造作に振り返っても、なんらかの目的をもってしまうものです。仮に、今日一日を振り返ろうとしたときに、ちょうど何かに失敗した後で、気分が落ちていたとします。すると、

「どうしてうまくいかなかったのか」

と失敗の原因を探るために振り返ってしまいます。それだけが目的であれば構いません。

しかし、もしも自覚的に振り返ろうとするならば、失敗の原因と再発防止策を見つける、という目的で振り返ることもできるのです。**意図次第で発見するものが変わります。**

このことを理解せず、目的を明確にせずに振り返ると、どうでもいいことや、むしろ探求しなくてもいいことを探求してしまいます。**振り返りにおいては、まず何を求めて振り返るのか、目的を明確にすることが大切です。**

目的が定まったら連想を広げる

アイデア創出のコツは、探求したいテーマの知識と、たくさんの情報とを組み合わせることにあります。エジソンは電球の素材を発見するために、数千とも一万とも言われる種類の素材を実験したといいます。これは、数千種類の組み合わせを行ったということです。

それと同じように、振り返りにおいても、目的に沿って探求したいテーマと、過去の出来事や体験、知識・情報とを無数に組み合わせていきます。

具体的には、掘り下げを行っているときに、思いつく限りの出来事や場面を書き出していくのです。もう思いつかないというところまで書き出せれば一番です。あるいは時間を区切って、時間内にできる限り多く書き出すということをやってみましょう。

たとえば、「プレゼンを成功させたい」というテーマ一つとっても、その下位項目を書き出していくと、たくさんの項目が見つかります。

プレゼンを成功させたい
↓ スゴイ企画を提案したい
↓ 説得力のある資料をつくりたい
↓ 堂々と発表したい
↓ お客さまの決断を促したい

これはマインドマップに書き出したり、樹状構造に書き出しても、広げていくことができます。

書き出された言葉全体を見て、この振り返りでは何に意識を振り向けるのかを特定します。

その中で、「堂々と発表したい」というテーマの中の、「震えずに声を届けたい」という下位項目が、探求したいジャンルなのだということが見えてきたとします。

それが決まれば、過去の記憶の中に、

「震えずに声を出せていたときのこと」
「なんの迷いもなく主張できたときのこと」
「まったく緊張しなかったときのこと」
「人目を気にしないでいられたときのこと」

などを探していきます。

「まったく緊張しなかったときのこと」という言葉が出ています。ここから連想してみれば、

「自宅でくつろいでいるとき」
「親しい友人と話しているとき」
「得意な話題を居酒屋で話しているとき」

などの場面を思い起こすことができます。それぞれの場面を思い描き、しっかりと味わってみます。すると「震えずに声を届けたい」という思いへの解答が見つ

かってくるでしょう。

このように、連想を使って大きく幅を広げて、全体を俯瞰してから一つに絞り、それを具体的に味わうという手順を覚えておきましょう。

アイデアを取り出すために段階を区切る

振り返りは「一人ブレストだ」ということもできます。過去の出来事を振り返り、新しいアイデアを引き出すからです。

ブレストとは、ブレイン・ストーミングの略です。脳内に嵐を起こすほどにアイデアを巻き起こすというニュアンスがあります。このブレストという言葉は誰もが口にしますが、そのルールについてきちんと理解し、常に意識している人はきわめて少ないようです。

しかしブレストのルールを守らないと、嵐は起こりません。

ブレストのルールは、4つにまとめられます。私なりの言い方でルールを紹介してみましょう。

1. 出てきたアイデアを否定しない
2. 突拍子もないものでもOK
3. 質よりも量を重視する
4. 相乗り、ものまねOK

この4つのルールを見てみると、アイデアに制限を設けない、ということとしか言っていません。だから、これらをひと言でまとめるとしたら、

「なんでもあり！」

ということです。とにかく、どんなアイデアでもいいからノンストップでたくさ

んの量を出すことが大事だということです。

ところが多くのブレストの現場、特に会社の会議などでは、このルールが守られていません。

意見を出したそばから、次のような言葉で否定されてしまいます。

「無理、無理!」

「それは、コスト的に合わないだろう」

「それは、五年前にやってるからダメだ」

「それじゃ他社の二番煎じだよ」

ブレストのルールを守らないと、このような発言によって、いつしかアイデアは出てこなくなります。無理に出そうと努力しないと、出てこなくなってしまうのです。これは、会議の場面でなくても、一人でアイデアを出すときも同じです。**自分で自分を否定したら、アイデアは出なくなってしまうのです。**

アイデアを出すときには、とにかく否定せずに、質よりも量だと自分に言い聞かせて、ノリノリで出し続けることが大事です。自分にもルールを課して下さい。

アイデア創出の2段階

アイデア創出には、前半と後半の2つの段階があります。

前半……拡散
後半……収束

前半の**拡散**は、とにかくたくさんの組み合わせを行い、多くのアイデアを出す

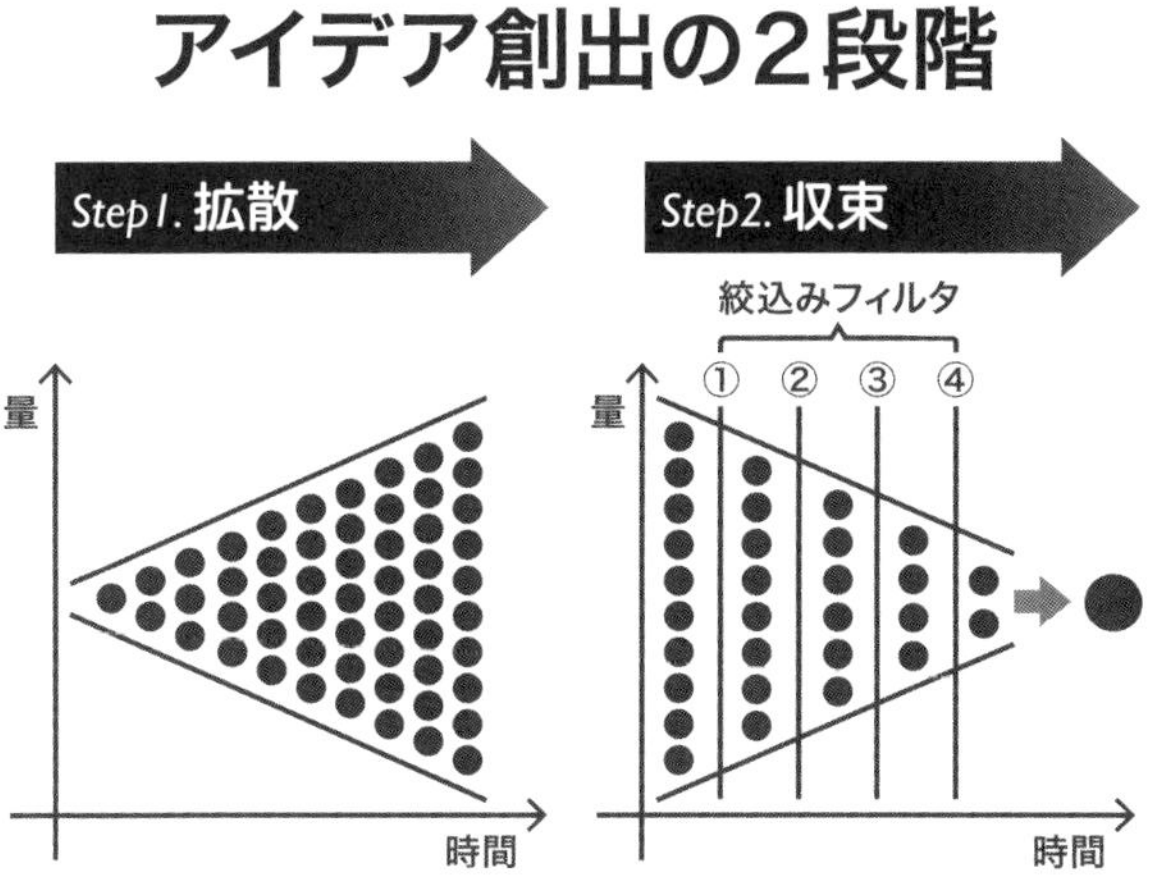

プロセスです。ブレストの4つのルールは、まさに前半の拡散の段階に必要な原則です。

後半の**収束**はどうかというと、無数に出てきたアイデアを絞り込むプロセスです。どんなにいいアイデアが出たとしても、限られた資源を有効に使うためには、重要なアイデアから手をつけていかねばなりません。

そのため、後半の収束では、さまざまな要素で絞り込みをしていきます。

ブレストのルールを知らずにアイデア出しをしてしまうと、この拡散と収束を同時にやってしまいます。

一つアイデアが出た段階で収束のプロセスをやってしまうと、一つひとつこなして効率的なように思うかもしれませんが、すぐにアイデアが出なくなってしまうので逆効果なのです。

前半の拡散と後半の収束は、きちんと時間を区切って、取り組むプロセスを分け

て意識も切り替えないといけません。

絞り込みのルール

アイデア創出の後半に行う収束のプロセスでは、テーマに沿った絞り込みを行います。これは、振り返りの「引き出し」の段階で、それまでに出てきたアイデアを絞り込むことに役立ちます。

アイデアの絞り込みのルールについて見てみましょう。

無数に出てきたアイデアを、どう活かすのかを考える場合、そもそも何のためのアイデア創出だったのかを確認しなければなりません。

そのためにまず、目的との照合を行います。目的からはずれたものは、除外対象となります。別の目的には使える可能性もあるので、廃棄するというよりも、今回は除外すると考えるといいでしょう。

その他、代表的な絞り込みのための条件を挙げると次のようになります。

- 目的的条件（目的、動機、目標、理想など）
- 価格的条件（コスト、予算、売価、原価など）
- 時間的条件（納期、開発期間、季節、期限など）
- 空間的条件（体積、容積、重量など）
- 社会的条件（社会的影響、評価、ブランディングなど）
- 技術的条件（技術、能力、容量、力量など）
- 価値的条件（価値、基準、好悪、善悪、理念など）
- 人間的条件（人材、要員、人数、言語、民族など）
- 物理的条件（素材、材質、材料など）
- 品質的条件（品質基準、水準、種類など）
- 数量的条件（個数、台数、質量など）
- 感覚的条件（感性、美意識、デザイン、質感など）

その他、テーマによって絞り込むべき条件があるはずです。その都度、条件を洗い出して絞り込みを行います。

これと同じように、振り返りの「引き出し」によって出てきたアイデアは、絞り込みを行うことによって、活用すべきものとそうでないものとに区分けすることができます。

原因究明と問題解決はセットにする

原因究明をテーマとしても、問題解決とセットで考えていくだけで、得られる知恵や価値は異なってきます。

たとえ失敗したとしても、それを振り返り、失敗の原因を見つけることができれば、改善策や再発防止策を見つけることに繋げられます。

成功した事例を振り返るときには、成功の原因を見つけることができれば、再現性を高める方法や応用するアイデアも見つけられます。

特に、失敗の原因究明のプロセスは、厄介で気分も落ちる作業であることが多いものです。一方で問題解決のプロセスは、明るい未来への展望を持って取り組むので、気分があがることが多いものです。

原因究明だけで終わってしまうと、辛く苦しくなることもあるので、原因究明をしたら必ず問題解決と改善行動を実践するとよいでしょう。

自分の失敗を反省するときに、自分で自分を叱責してしまうということがあります。自ら視野を狭め、何のために振り返っているのかわからなくなってしまっては、元も子もありません。

振り返りは反省ですが、決して自分に対する叱責や懲罰や責任追及ではありません。幅広い目的をもった知恵や価値の創造です。

体験を味わう3つの態度

掘り下げの過程では、過去の出来事を味わったり、未来の出来事を味わったりします。そのときに、3つの味わい方があることを覚えておきましょう。

1. 共感的態度

まずは、共感的に判断する態度です。**当事者の内面や深層に身を寄せて、その人の視座から見る態度です。**

当事者とは、過去の自分もあれば、その場面にいた他人のこともあります。当事者の視座から、内面や深層を味わおうとする態度です。

2. 批判的態度

2つ目は、批判的な態度です。批判と言っても、必ずしも、非難するわけではありません。**過去や未来の場面に登場する人物を外面的・表層的にとらえ、出来事を批判的に味わう態度です。**

3. 俯瞰的態度

3つ目は、俯瞰的な態度です。**出来事の場面を俯瞰的にとらえ、構造や全体像を把握しようとする態度です。**個々人の感情や思考を総合し、状況を包括的に理解しようとするものです。

また、これらの3つの態度のそれぞれで、頭（思考）とハート（感情）で味わうことを忘れないようにしましょう。

頭で考えることのよさは、論理的であり数値でとらえられることです。目標を定量化することができます。

ハートで感じることのよさは、全身で感じられることです。目標は定性化することができます。

両者のよさを活かし、頭だけで考えないことです。

これら3つの態度を頭とハートで順番に味わっていくことによって、過去・現在・未来の出来事は、立体的にとらえられていきます。

第4章

〝振り返り〟を習慣化させる効果的な方法

1 習慣化の重要性と、必要な3つの軸

振り返りを意識しないで振り返る

習慣化の本が増えています。**すぐ行動することができるようになったら、今度はそれを持続させることが重要といえるでしょう。**せっかく始めても、三日坊主になってしまっては元も子もありません。

振り返りも同じです。振り返りのコツがわかったら、それを習慣化する。これが大事です。

よく、玄関に鏡を掛けているお宅があります。なぜでしょうか。中には風水で運

気があがるからというご意見もあるようですが、外出するときに、身だしなみを確認しやすいようにと考える方が多いと思います。

身だしなみを整えるというのも、一つの振り返りです。出かける前に我が身を振り返ることで、身だしなみをチェックしたり、忘れ物がないかをちょっと確認したりすることができます。

これは、住宅の内装に振り返りを仕掛けているようなものです。

行動しながら振り返る

だんだん振り返りが板についてくると、行動しながらでも振り返ることができるようになります。自分を客観的に見られるようになるという言い方もできます。

元サッカー選手の中田英寿さんは、試合中に自分の動きを俯瞰してみることができたという有名な話があります。

講演家にお話を聞くと、ステージの上で、どんなにオーバーアクションで話したり、感情的な表現をしていたとしても、一方で自分の姿を冷静に見ているもう一人の自分がいるという方が多いです。役者さんにも、そういう方はたくさんいると聞きます。

私たちも、事務作業をしながら、自分のことを振り返ることはできます。そもそも、文書を作成しているときは、頭で考えながら、画面に打ち出された文字をチェックすることができるわけです。まさに行動しながら振り返っているわけです。

そう考えると、行動しながら振り返るということは、さほど難しいことではありませんね。

振り返りからまとめへ

振り返りをすると、知恵を引き出すというお話をしました。まさにその通りです。**振り返れば振り返るほど、知恵が引き出されます。**しかし、そこで「いいことに気づいたな」とただ悦んでいるだけではいけません。

せっかく見つけることのできた知恵です。**それを記録しておきましょう。**二度と思い出せなくなるかもしれません。記録しておけば、再度思い出すことができます。

さらに、記録したものを定期的に振り返ってみたらどうでしょう。共通する知恵や上位の知恵に気づき始めます。**抽象したりさらに具体的に応用してみたりすると、次第に知恵がまとまっていきます。**

そうです、まとめるのです。振り返りを重ねたら、さらに振り返りを振り返って、知恵をまとめあげていきましょう。

振り返りからまとめへ、です。

まとめから応用へ

振り返りを重ねて、知恵をまとめていくうちに、上位の知恵にたどり着きます。

その知恵は抽象度のあがった知恵です。

たとえば、料理に取り組んで、そこから料理の手際を学んだとします。その手際を抽象して、納期から逆算した手順の組み立て方に置き換えてまとめていくと、今度は、別の具体的事象に応用が利きます。

手順を組み立てるときの注意事項としてまとめておくと、仕事における段取りのつけ方に応用できるといったことです。

また、スポーツから学んだことをビジネスに応用することもできます。まさに、社員のスポーツ選手としての経験をビジネスに活かすことを、経営の主軸にしている企業があります。元バスケットボール選手の平地大樹さんが経営する、株式会社プラスクラスさんです。

平地さんは、スポーツ選手のセカンドキャリアを応援したいと思い、現在の会社を設立したそうです。

「スポーツをやって上までいった人間は、必ずそこで何かを学んでいるんですよね。どうしたらうまくいくのか、改善の仕方とか、原因の見つけ方とか、よりよい練習方法の習慣化とか、たくさん学んでいます。それをビジネスに活かせられれば、絶対に優秀な力を発揮するはずなんです。スポーツからビジネスへの橋渡しができさえすれば、スポーツ界の有益な人材を放置したり失わなくて済むんですよ」

と、平地さんは話してくれました。

選手生活で学んだことを振り返り、積極的に応用していけば、スポーツにおける優秀な人材が、ビジネスにおける優秀な人材に変わり得るということをおっしゃっています。

このように、過去の学びを抽象度の一段高い教訓やスキルに昇華することができれば、他の分野にも応用できるのです。そのためにも「振り返り」は有効です。

習慣化に不可欠な3つの軸（日課化・予定化・行事化）

仕事や生活に慣れていくと、大抵のことは我慢できるようになっていきます。そのうち、我慢が当たり前になり、楽しむということ自体を忘れてしまいます。いつの間にか、楽しみを後回しにしてしまう人生を送っている方も実は意外と多いのではないでしょうか。

本当は、譲れない価値観を満たす暮らしをしてもいいのです。心躍る未来像のほんの一部だけでも、先取りしてみてはいかがですか？

確実に時間は過ぎていくのです。**惰性に流されず、振り返りを習慣化するためには、どうしたらよいでしょうか。**

1．日課化

習慣化の1つ目は、日課化です。

一日の生活の中でルーティンをつくることです。

毎日、ほんの1分の振り返りをルーティンにしてしまいましょう。

必ず毎日行う行動とセットにしてしまうと、日課にするのが簡単です。まずは、朝昼晩の食事のあとに必ず振り返りの時間をもつというのも手です。

仕事で日報を書いているなら、その時間に公私問わず振り返りを行うというのもよいでしょう。

習慣化の中でもっともパワフルなのは、この日課化です。

毎日やっていれば、一年で最低でも365回振り返る機会をもつことができるのです。頻度としては最高です。一日に三度振り返ったら三倍の1095回です。やったことやできたことを振り返って確認すれば、毎日気分をあげることができます。その日の学びを引き出せば、一年中学びだらけになります。

2．予定化

習慣化の2つ目は、予定化です。

振り返りをスケジュール化しましょう。

予定表やスケジュール帳、スケジューリング用のアプリに振り返りの予定を入れておきます。

人は忘れやすい生き物です。三日坊主な人がいるように、三日続いても、四日目には忘れてしまったり、やるのが面倒くさくなってしまいます。そこで、しっかりと予定化しておけば、もう一度取り組むことができます。

振り返るタイミングは一日、一週間、月間の単位で、一年分予定を入れてしまいましょう。**一回の振り返りは、一時間とか二時間くらいの単位で、自分自身にアポイントを入れる要領で予定を確保してしまうのです。**

予定化のコツは、無理のないようにやりやすい方法を探ることです。実は成功者というのは、常にやりやすい方法を探っている人です。

予定化するためには、やりやすい時間帯や場所を選びましょう。頭で考えて、無理矢理日程を決めても実行できません。

快適なカフェで振り返るとか、好きな音楽を聴きながら振り返るとか、デザインのよいノートに書き込むとか、気分があがって、やりたくなる工夫をして下さい。できることをやる。やりたいことをやる。できないことはできないというシンプルな原則に従って下さい。

スケジューリングのコツは、あくまでも自分との約束です。他人との約束を守るのと同じように、自分に対してもしっかり約束を守るようにしましょう。

3．行事化

3つ目は、行事化です。

四半期ごと、半期ごと、年度ごとの振り返りは、比較的大きなイベントにしてしまいましょう。年末や年度末は、大掃除とともに「振り返り」を実施しましょう。

自分一人の振り返りであっても、他人を巻き込む行事にしてしまうと、し忘れることがありません。

「仕事の仲間と懇親会を開く」
「大好きな人と、ちょっと豪華な食事をしながら振り返る」

などです。

他人も巻き込んだ振り返りは、楽しい思い出とともに記憶に残ります。

組織においては年度初めや忘年会、プロジェクトのキックオフや完了のタイミングなど、継続する仕事の節目、節目で懇親会を行います。こういう機会を自分のための振り返りの場にしてしまうことも、行事化の一つの方法です。

会合の目的に加えて、あなたにとっては振り返りの場として参加するのです。いち参加者として、他の参加者に振り返りを促しながら、自分もそれまでの仕事を振り返って学びをシェアしてみることもできます。

大きな時間単位の振り返りはこのように、他人の力を利用しましょう。

「自分一人のために、他人を巻き込むのはちょっと気が引ける」

そんな風に感じるのであれば、同席する人にとっても有益な場にしてみてはいかがでしょうか。まさに互いに振り返りを行う場にしてもいいですし、こちらの学びのシェアの場にしてもいいでしょう。

勉強会、学習会という形を取るのも一つのアイデアです。

後ろめたく思う必要はありません。他人を巻き込むことで、もっと多くのことができます。もっと人の役に立ってもいいのです。

このように振り返りを繰り返す習慣にしてしまうと、時間が経てば経つほど何度も振り返ることができます。**時間が、動く歩道のように、私たちを遠くまで連れていってくれるのです。**

習慣化とは、「時間を味方につける」ということです。振り返りを繰り返しのサイクルに入れることができれば、定期的に振り返ることができます。時間は、流れて失われるだけではありません。習慣にしてしまえば、時間の進行に従って、振り返るチャンスが生まれるのです。

日課化、予定化、行事化という3つの観点から、是非とも「振り返り」の習慣化に取り組んでみて下さい。

2.「考え方」と「行動」で簡単に習慣化できる

仕事の仕方に関する振り返り

現在の行動も、次から次へと過去に変化していきます。現在の習慣を見直していくことも大事な振り返りです。というのも、私たちの考え方や行動は日々の習慣の中に現れているからです。

一日の中で大半の時間を取っている仕事を中心に振り返ることで、新しい習慣を生み出していくことができます。

昨今では「働き方改革」の名の下に、企業も従業員も働き方を考え直そうという気運が高まっています。

十数年前から、ワークライフバランスの適正化という課題もいまだこれといった解決策がないように、働き方を改善しようとしても一概に言えないというのが実情です。

ただし、自分のことだけは、自分が一番よく知り得るという意味で、改革しやすい条件にあるということはいえます。

もちろん、次から次へと仕事をこなすだけでは改善されるはずがありません。まずは振り返ることから始めましょう。

実際、組織的に働き方を改善するプロジェクトを実施する場合、実態調査から始まります。働き方のアンケートと労働状況のサンプリング調査などを組み合わせて、労働実態を把握するのです。

そのうえで、どこにムリ・ムラ・ムダがあるかを調べて対策を立てるわけです。全社的な調査は、時間もコストもかかります。その一方で、自分のために自分の働き方を見直すのであれば、コストも時間もかかりません。

振り返りをすればいいのです。たとえば一週間、毎日振り返りを行い、行動を記録します。一週間で足りなければ一ヶ月間でも構いません。

調査期間を終えたら、その全体を振り返ってみます。

そして、よい点と悪い点を考察し、よい点は増やし、悪い点は減らすために何ができるかを考えます。**そして、できることを決めて始めていけば、働き方は改善されていきます。**

また、個人であれば、ずっと毎日記録していくという手もあります。そうすれば、特段調査期間など設けずとも、常に振り返り、いつでも修正していくことができます。

ワークライフバランスについての振り返り

ワークライフバランスという言葉は、聞いたことはあるけれど、まともに考えたことはないという方も多いかと思います。

そもそもわかりにくいのは、カタカナだからではないかと思いますが、ワークとライフは果たしてバランスを取るようなものなのかも、はっきりしません。

夢実現応援の対話に引き寄せて考えると、ワークよりもライフの方が大きい概念です。**労働と人生といえば、一目瞭然です。人生の中に労働があるのです。バランスをとるという感覚ではないことが明白です。**

生活の中で労働をどのように位置づけるのがよいのか。一人ひとりが考え、実践していく。また、それを可能にする国の制度や企業組織の制度が求められているということです。

制度や大きなことを考える前に、私たちにはできることがあります。それが、やはり振り返りです。

人生の中で仕事をどのように位置づけるのがよいのか。それを考えるために、現

在の状況を振り返り、分析していきましょう。多くの人にとっては、一日の大半を労働に費やしているはずです。

- 生活、または労働の中に「悦び」はあるだろうか？
- 生活、または労働の中に「学び」はあるだろうか？
- 生活、または労働の中に「達成感」はあるだろうか？
- 生活、または労働の中に「人との心の交流」はあるだろうか？
- 生活、または労働の中に「労働自体の悦び」はあるだろうか？

そのような観点から、現在の生活と仕事を振り返ってみましょう。そのうえで、理想的な生活と仕事の状況も思い描いてみましょう。

理想的な生き方がわかったら、そこに向かって一歩でも近づける行動を探してみましょう。行動がわかったら実践してみましょう。

または、理想的な生き方の一部でも、今日から実践できることがないか探してみ

ましょう。見つけることができたら、それをすぐに実践していくのです。

通勤時間の使い方に関する振り返り

仕事のあり方を考えていくと、つきものなのが通勤時間です。都内に勤務する方は、片道一時間から二時間の通勤時間はごく当たり前だと思います。毎日数時間の通勤時間を使っているのです。一年間でその365倍近くを費やすとは途方もない時間です。

これをムダにしているとしたら大変もったいないことです。

スマホで新聞を読んでいるとか、文庫本を読んでいるとか、メールチェックをして過ごしているという方もいるでしょう。それも構いません。

何がいいか悪いかに、あらかじめ決まった答えはありません。むしろ、あなたがこれからどんなことをしていきたいかによって、答えが決まってくるのです。

・新しい資格をとりたい
・英語の能力を向上させたい
・企画力をあげたい

さまざまな願望があるでしょう。それを実現するために通勤時間を使えないかと考えるのは自然なことです。**そのためには、通勤時間のあり方を振り返ってみましょう。**

・実際には何分、通勤時間に費やしているのか
・今までは通勤時間に何をしていたのか
・通勤途中の状態はどうなのか
・通勤時間帯は今のままでよいのか
・時間帯を変えたら、電車の場合座れないか、車の場合もっと早く到着しないか

振り返りを始めることによって、惰性で決まっていた通勤の過ごし方を変えるこ

とができます。是非、振り返って通勤時間を有効に活用してみて下さい。

小説やマンガ、映画や演劇などフィクション鑑賞の振り返り

ビジネス書など実用的な本が好きな人にとっては、

「小説はフィクションだから、所詮、嘘を書いているんでしょう？」

そう言って敬遠する人もいます。映画や演劇も同じです。つくり物だから学ぶところや吸収すべきところがないと考えるのは早計です。どんな創作物も、人間が創ったリアルな制作物です。それは嘘でもなんでもありません。むしろ、人生の真実が表現されていたり、虚構の中でしか語れない真理が描かれていたりするものです。

小説やマンガ、映画や演劇を鑑賞し、魂を揺り動かされたなら、そのあなたの体

験は、唯一無二の体験です。これを振り返らない手はありません。

鑑賞したら、ちょっと深呼吸して心を落ち着かせて、そこから振り返っていきましょう。

・何を感じたのか、どう感じたのか
・何を考えたのか、どう考えたのか
・何を学んだのか
・何を教訓とできるのか
・今日から活かせるものは何か

当然、楽しんだだけでもいいのです。同時に学んでしまってもいいわけです。鑑賞体験を人に話してもいいですし、仕事上の雑談で話題にしたり、同好の士に情報をシェアするのでも構いません。

人の人生を扱った作品であれば、まさに他人の人生を疑似体験したわけです。**そ**

こから学ぶことがないはずがありません。振り返って、学び倒してみて下さい。

心に残る本の振り返り

多くの人は、同じ本を二度と読まないと言われます。何度も読み返す愛読書を持っている人でも、それ以外の本はほとんど読み返すことはありません。

かつて読んだ本の中でも、次のような本はもう一度読み直してみることをおすすめします。

- **小学生や中学生の時に背伸びして読んだが、よくわからなかった大人向けの本**
- **かつて感銘を受けた本**
- **まったく難しすぎて理解できないと思った本**
- **かつて何度も読み直した本**

数年から数十年も経ってから読み直してみると、新鮮な気づきを得られることと思いもます。かつては思いもしなかった感想を得られるかもしれません。あるいは、当時は理解できなかったことが、今になってみれば手に取るようにわかるという体験をするかもしれません。

同じ本を読むことによって、そのような自分の変化を知ることができます。本は変化していないのに、感じ方が変わっているというのは、自分が変化していたということなのです。

現在の自分を知るのに、これほど簡単なことはありません。肉体的な変化は外面的であるため把握しやすいものです。一方、内面的な変化を知るのは簡単ではありません。しかし、**かつて読んだ本を再読してみることで、自分の内面的な変化や成長を知ることができるのです。**

失敗についての振り返り

「失敗は成功の母」という言葉があります。「失敗学」を提唱されている畑村洋太郎先生は、失敗を活かしてこそ進歩があるのだということをおっしゃっています。

「失敗」を振り返ることは、大変価値のあることです。心理的には「失敗」は嫌なものであり、嫌なものであるからこそ目を背けたくなるものです。

しかし、失敗したまま放置しておけば、再び同じ失敗をしてしまいます。

失敗こそ振り返る必要があります。

- **何が失敗で、その経緯は具体的にどうだったのか**
- **失敗の原因や要素は何か**
- **失敗しないためにできたはずのことは何か**
- **今後失敗しないために何をすべきか**
- **要は、何だったのか**
- **この失敗から学べたことは何か**

このようなことを振り返りから引き出すことができれば、再発防止と行動の改善に繋げることができます。

3.

ビジネスシーンで活かされる“振り返り”

ビジネス上の人間関係を振り返る

人間関係はどこに行ってもつきまとうものです。仕事をすれば職場の人間関係。趣味の世界でも、同好会の中の人間関係。芸事の師弟関係など。

私たちは、人間関係の網からは逃れられません。

多くの人間関係のトラブルは、他人への不平不満を感じ、批判や非難の気持ちから始まります。

「あの人はひどいことをしている」
「彼にひどいことをされた」
「彼女は何もしてくれない」

それは、一つの視座の、狭い視野の中で見えた世界です。

視野を広げ、多様な解釈を受け入れられるような状態になると、見え方が変わってきます。

ビジネスにおける人間関係を振り返るためには、まず自分の視座を体験しつつ、十分に味わったら、上司や同僚の視座を順番に想像していきましょう。

他人の視座を仮想的に体験してみると、視野が狭かったときには想像できなかったことに気づき始めます。視野が広がり見え方が変わると、人の気持ちや隠れていた状況などに気づき、悩みの渦から抜け出すことができます。

ようやく自分を客観視できるようになるからです。

職場の問題は、業務の課題であると決めつけないで、人間関係も考慮に入れて振り返っていきましょう。

ビジネス上の取引関係を振り返る

ビジネスは一人ではできません。必ず取引相手との交渉や交流があります。社内・組織内のみならず、お得意先さまとの間でも人間関係が発生せざるを得ないものです。

取引先との人間関係が良好であれば、ビジネスもうまくいきます。人間関係がうまくいかなければビジネスもうまくいきません。

ビジネスにおいて直接お客さまと接し、交渉したり、やり取りしなければならない人は、ビジネスにおける対外的な人間関係をよく振り返ってみましょう。

もしも今、あまりうまくいっていないのであれば、どんな関係をつくることができたらうまくいくのでしょうか。その理想的な人間関係を検討してみて下さい。

過去の取引における良好な人間関係が、実際にはどうだったのかを振り返ってみましょう。

まず、良好だった瞬間をいくつかピックアップします。書き出してみて、全体を眺めてみましょう。その中から一番良好だったときに意識を振り向けましょう。

次に、関係が良好だったときの、

- **自分の視座**
- **取引相手の視座**
- **全体俯瞰の視座**

を順番に味わっていきましょう。自分から見たその状況。取引相手から見えたその状況。全体を俯瞰して見えた状況。それらを見た後で、気づいたことや感じたことを書き留めます。そこから学べることは何でしょうか。

取引相手との理想的な関係を思い描く

次に、現在の関係と、取引相手との関係が良好だったときを比べてみましょう。現在の自分、取引相手、俯瞰のそれぞれの視座を味わってから比較してみます。比較して、気づいたことや感じたことを書き留めます。そこから学べることは何でしょうか。

いずれにせよ、これまでのことはこれまでのことです。**大事なことは今後どうしたいかです。どんな関係を築きたいのかを考えましょう。**

理想的な関係を思い描いてみます。過去の良好な関係と現在の関係との比較から学んだことを参考にして、

・一切の制約をなくして
・自分に都合よく

・**しかも、取引相手にとっても都合よく**
・**このうえなく理想的な関係を**
・**あそび心をもって**

思い描いてみましょう。

ある日、あるとき、ある一秒間、どこに、誰といて、何をしているのか。場面を設定して、そこに自分と取引相手を配置して、その場面を味わいます。

自分の視座、取引相手の視座、全体俯瞰の視座を順番に味わいます。

味わってみて、気づいたことや感じたことを受け止めて、その理想的な未来に向かって一歩でも近づく行動をしていきましょう。

このように過去に学び、未来に活かそうとすれば、過去のよき関係に戻るのではなく、過去から学んだ知恵を活かして新たに良好な関係を、取引相手との間に築くことができます。

セールスパーソンの営業話法を、視座の転換に取り入れる

営業職の方の中には、営業応酬話法を習得するためのロールプレイング（ロープレ）を実施している方もいると思います。先輩や上司がお客さま役をやって、営業トークを繰り広げ、指導を受けるというものです。

振り返りにおいて、人間関係を掘り下げるときに、複数の視座を味わいます。**この視座の転換は、営業パーソンのためのトレーニングに応用することができます。**たとえば、営業職の方が三人集まれば左記のような視座転換を利用した営業話法のトレーニングができます。

【視座転換を利用した営業話法トレーニング】

1. 三人の営業職をA、B、Cとします。
2. 一回の営業トークを5分なら5分、10分なら10分と決めておきます。

3. Aは営業職の役、Bは顧客、Cは観察者でタイムキーパーの役割も果たします。
4. AがBにセールストークを行い、Bはそのトークを受けてアドリブで応答します。Cは、二人のやり取りを観察します。
5. トークの時間が終わったら、1分間、各自でやってみた感想をメモ書きしてみます。
6. A、B、Cそれぞれが1分ずつ、Aのよかったところを話します。
7. A、B、Cそれぞれが1分ずつ、Aの改善した方がよいところを話します。
8. 各自、他のメンバーの意見を聞いて、気づいたところをメモします。
9. 次に、役割をローテーションしていきます。次はBが営業職、Cが顧客、Aが観察者でタイムキーパーをやります。
10. ひと通りの手順を踏んだら、また役割をローテーションします。
11. 役割が一周したら、全体を振り返ってどう感じたか、今後の営業トークに活かせることは何かを、一人1分ずつシェアして終わります。

このトレーニングは、

- **ローテーションをしながら視座の転換を体験できる**
- **自らの気づきを意識化するので、自ら改善しようという気になりやすい**
- **よいところを先に聞いて、悪いところではなく「改善すべきところ」を聞くので、他人からの指摘を受け止めやすい**

という点に特長があります。

三人以上の人数がある場合は、営業現場の登場人物を増やしてローテーションを組んで下さい。たとえば七人の場合は、営業担当、その上司、顧客1、顧客1の上司、顧客1の部下、顧客の先のエンドユーザー、観察者兼タイムキーパーなどのように全員に役割を与えるようにしましょう。

営業職の方は、是非取り入れてみて下さい。

新聞を読んだ後の振り返り

毎朝、新聞に目を通すビジネスパーソンは多いと思います。仕事をするうえでの共通認識を日々摂取しているともいえるので、知的な食事のようなものです。最近では、紙の新聞よりもネット上のニュースを閲覧する人の方が多いと聞きます。

紙であっても電子であっても構いませんが、私たちは日々情報に接しますが、同時にどんどん情報を忘れていきます。一昨日の株価など正確に言える人はなかなかいないでしょう。

そういう意味では、新聞やネットニュースを読んでから、振り返りを行いましょう。**何を知ったのか、何に興味を引かれたのか、指標となる数値は何だったのか。**そういったものを、手帳や携帯デバイスに記録しておきましょう。

エバーノートのような、ネット上の記事をクリップし保存できるアプリなどを使うのもよいでしょう。

振り返りを蓄積していくと、アイデアも生み出しやすくなります。

4

〝振り返る〟ことは決して面倒なことではない

振り返りは楽しいものだ

振り返りは面倒なものではないかと思う方がいるのはよくわかります。何にせよ、慣れていないことは面倒に思えるものです。

しかし、好きな音楽は何度でも繰り返し聴きませんか？　毎回、新たな気持ちで楽しんでいませんか？　好きな映画は何度も見ませんか？　毎回新しい発見をしたりしませんか？　実際に起こった笑い話など、何度もネタにして話して笑っていませんか？

過ぎたことだから、すでに一度体験したことだから、もう一度振り返っても意味がない。果たしてそうでしょうか。面白いことだったらどうでしょう。

振り返りは、辛いことだけを思い出そうというのではないのです。ワクワクしていたこと。面白かったこと。成し遂げたこと。冒険。挑戦。ドキドキ体験などなど。**思い出すだけで楽しくなったり、生き生きできる体験も振り返りの対象です。**

振り返るだけで気分があがることも、たくさんあるはずです。そういったことを、振り返ることなく、記憶の底に眠らせておくのはもったいないと思いませんか？ それは、最高に面白いビデオを所有していたのを忘れて、放っておくようなものです。面白いのなら観ればいいいですよね。

振り返りは行動に対して「効果的」で「効率的」

効果的というのは、好ましい結果を生み出しやすいということです。常に振り返りを行っている人は、過去に学んだことを未来に生かすことができるので、成果があがりやすくなります。**過去に学ばない人は、常に当たり外れのある行動をすることになるので成果があがりにくくなります。**

振り返りが行動に対して効果的に働くというのは、そういう意味です。

また、振り返りを行うと過去のムリ、ムダ、ムラを知ることになります。当然、不要なものであればそれを取り除くように努めます。それが作業や行動の効率化を生み出します。決められたルーティンであればあるほど、作業の振り返りと見直しをしていけば、どんどん効率的にしていくことができます。

振り返りには終わりがないのです。

ちょっとした工夫で簡単に！

振り返りは効果的で、いつまでやってもきりがないからこそ、シンプルに取り組みたいものです。あまりに根を詰めて振り返ると、それこそ前に進めなくなります。

たとえるならば、新しい小説を書こうと思って、図書館にある小説類をすべて読もうと意気込むようなもの。**適度に振り返るだけで効果的なのですから、やりすぎる必要はないのです。**

やりすぎない代わりに、毎日少しずつこまめに振り返ることが大事です。毎日の暮らしの中で、ちょっとした時間を活用し、振り返る工夫をすることです。

また、誰でも、毎日やっていることがあるでしょう。それをやった後は必ず振り返りを行うと決めておくだけで、習慣化することはできます。

私たちは、どうでもいいことに毎日時間を取られています。どうでもいいことに取り組む習慣があるのです。どうでもいい習慣を生真面目に守る必要はありません。

あなたが本当にやりたいことを、まず習慣にしてしまいましょう。

ポイントを押さえればOK!

要は、ポイントを押さえるということです。

何のために振り返るのか。目的は何かを明確にすることができれば、振り返る対

象をはっきりさせることができます。

誰の体験を振り返るのか。自分なのか他人なのかを明確にすることで、振り返りの対象が決まります。

また、振り返りに費やす時間や期限を決めることも有効です。そうすれば必要以上に振り返り続けることはありません。

つまり、振り返るときに**5W2H（When（いつ）、Where（どこで）、Who（誰が）、What（何を）、Why（なぜ）、How（どうやって）、How much（どのくらい））**に気をつけるのです。効率的な振り返りを行うためには、条件の設定が大事なのです。

一分間の振り返りでも効果絶大

「振り返りなんて時間がかかって面倒くさそうだなあ」なんて思わないで下さい。長い時間をかけて振り返ることはもちろん可能です。しかし、**これから振り返りの**

習慣をつくろうというあなたの場合は、まず一分間の振り返りから始めた方がよいでしょう。

一分間だとしても、決してバカにはなりません。一分間でも相当な振り返りができるのです。

一分後にアラームが鳴るようにタイマーをセットしてみて下さい。

そして、昨日一日を振り返ってみて下さい。夜に寝たのはいつでしょうか。その前に何をしていたでしょうか。夕食は何を食べましたか。夕方していたことは？ 午後やっていたことは？ 昼食はどこでとりましたか？ 午前中はどうだったでしょうか。そして朝食は？ 何時に起きましたか？

この文章を読みながら、なんとなくその時間帯の風景などを思い出せましたか？ これも一つの振り返りです。一分間で昨日一日を振り返ることができたのです。

ざっくりと振り返るならば一分間もあれば十分です。振り返りを習慣化するためには、**こういった簡単で大雑把なやり方から始めてみましょう。**

最も簡単な振り返りの言葉「つまりどういうことだろうか？」

振り返るにあたって、記憶を大雑把に遡っていく方法を紹介しましたが、もっと簡単なやり方はないのかというご要望もありそうですね。

「面倒くさいやり方は嫌いなんだ。もっと簡単な方法を教えてくれ」

はい、わかりました。
もっと簡単なのは、要約する力を利用した振り返りです。
それは、**「つまりどういうことだろうか？」**という問いを立てることです。
一日が終わったら、

「今日一日は、つまりどういう日だったのだろうか？」

このように自問自答して、一日を概括《がいかつ》してみるのです。つまりはどうだったのかと、自問自答してみましょう。それだけでも、ポンと答えが浮かんできます。そこで得た答えを吟味してみると、さらに掘り下げることができます。

人間誰しも、質問されると答えを探し始めるものです。自問すれば、自分の脳にスイッチが入ったように考え始めます。

そして、何らかの答えをつかむのです。

このような「振り返り」の質問を誰か知り合いの方にやってみれば、面白いようにみんな考え始めます。試してみて下さい。

5

“振り返った過去”を夢の実現に繋げる回路づくり

習慣化の次は回路づくり

振り返りも習慣化してしまえば、たいしたことではありません。目をつけて、掘り下げて、引き出す。自分の体験や経験、過去の記録や歴史から、知恵を引き出すプロセスを楽しめるようになれば、しめたものです。どんどん知恵を引き出せます。

習慣になったら、今度はそれを知識創造の回路にしていきましょう。

ここでは、いくつかのツールを紹介します。いくつかを試しながら、組み合わせて、日常生活の中に取り入れていきましょう。やがてあなたのやりやすい知識創造の回路が確立されていくはずです。あなたらしいやり方を見つけてみて下さい。

スケジュール帳に予定と結果を書き込む

日々の予定はどのように管理していますか？　誰でもなんらかのツールを使って、スケジュール管理を行っていると思います。

最近はスマホなどのアプリや、ネット上のカレンダー機能を使っている方も多いようです。ここでは昔ながらの手帳形式のスケジュール帳をベースに、話を進めていきます。

スケジュール帳は、日付が分かれ、時間を記入し予定を書き込めるようになっています。その予定を見ながら日々行動し、次々と新しい予定を書き込んでいきます。

基本的には予定を書き込むのですが、振り返りにも使えるようにするならば、結果も書き込むようにしましょう。もともと予定が入っていなかった時間帯にも、その時間帯に何をしたのかをメモするようにしましょう。

やったことを書き込むだけで、スケジュール帳の過去のページは、行動記録となります。

予定の変更があれば、それも修正しておきます。すると、過去のページには行動記録がびっしり書き込まれていることになります。

こうなるといつでも自分の行動を振り返ることができます。一週間単位でも、一ヶ月単位でも、ページをめくればすぐに振り返ることができます。

アプリの場合は、過去の時間帯に実際にやった行動を入力していきましょう。

日々の行動記録は、振り返りの最も基礎的な情報になります。

毎日「魂が悦ぶ®ノート」に記入する

スケジュール帳を使った行動記録は、外面的・対外的な活動を振り返るためのものでした。**ここで紹介する「魂が悦ぶ®ノート」と私が呼んでいるノート術は、まさに心の中を振り返るために最適なツールです。**

このノート術は、シンプルですが、とてもパワフルです。ノートに向かうことで、自分との対話の時間をつくることができるので、セルフ・カウンセリングやセルフ・コーチングをしているのと同じ効果が生まれます。

やり方は簡単です。一冊の市販のノートを用意して下さい。表紙に「魂が悦ぶ®ノート」というタイトルをつけて、「このノートに自分の言葉を書きつけると魂が悦ぶんだ」と自分で定義して下さい。

以下に、いくつかの記入方法を紹介します。

――現在の自分を知るための振り返り――

毎日一定の時間、魂が悦ぶ®ノートに向き合って、そのとき頭に浮かんだことを片っ端から書くことから始めましょう。

今の自分が何を感じているかを書きつけることは、現在の自分を知るという目的のための振り返りです。

頭の中では無数の思考が飛び交います。そのスピードについていくのは大変です。きれいに、丁寧に書くということは放棄してしまいましょう。殴り書きで、読めなくても構いません。

どれだけ書けばいいのかは、時間かページ数で区切るとよいでしょう。たとえば、三分間殴り書きでもいいですし、三ページ分書き終わるまで書きつけるというのでも構いません。

そうして書き終えて、気づきや感想を味わってから、その気づきや感想を書き留めます。

これを続けていくと、文章が苦手だという人も、次第に文章を書くのが楽しくなるという副産物もあります。

――過去の自分を知るために振り返る――

本書で述べてきた過去の振り返りを、このノートでやってみましょう。まず、何を求めて振り返るのか目的を決める過程も言葉にし、過去の出来事を思い出し、思い出す過程を全部言葉にしていきましょう。

自分は何を大事にしているのかを知りたければ、「好き」「得意」「憧れ」について思い浮かぶ出来事をどんどん書き出していきます。

書き出したら、そのいくつかの出来事を深く味わっていきます。味わいながら書くことができれば、書いてみましょう。書き終えたらそれを振り返り、気づいたことをまた書きましょう。

この場合は、殴り書きでもゆっくり書いても構いません。

――心躍る未来像を書きつける――

過去の振り返りから見えてきた「譲れない価値観」を思い出します。それが将来完全に満たされたら、それはどんな世界で、誰とどんなことをしているかと考えて、思い描きながら書きつけてみましょう。

未来の「ある日、あるとき、ある一秒間」の風景を思い描くときには、身の回り

に何があるのかを一つひとつ追加していくとやりやすいです。

自分にとって好ましい家具を一つひとつ買い集めるようなものです。それを思い描きながら言葉に書きつけていくのです。書きながら想像世界が広がって、うっとりとした気分になるかもしれません。

これも殴り書きでもゆっくりでも構いません。

振り返り記録シートをつくって振り返る

「魂が悦ぶ®ノート」は、あらゆるテーマを自由に書くことのできる万能のノートです。

一定の手順を繰り返し行う場合であれば、手順をフォーマットにまとめて、いつでも書きやすくしておくのも便利です。何度も振り返りを行い、自分のフォーマットをつくると便利でしょう。

ここでは例として、252ページのような「振り返り記録シート」を挙げておきます。今では表計算ソフトや描画ソフトによって簡単にフォーマットシートを作成することができます。何が正解ということもありません。ご自分であそび心をもってつくってみて下さい。

次ページの「振り返り記録シート」は、出来事を振り返るためのシートです。

まず、上から順に、「記録」の項目を埋めていきます。記入の過程で、気づきが生まれてきたら、右隣の「気づき」の欄に記入します。

「記録」の欄が埋まったら、「気づき」の欄を縦に埋めていきます。引き続き、「応用」の欄を埋めていきます。**すべての欄が埋まらなくても構いませんが、埋めようとすることで、さまざまな気づきが生まれます。各欄の大きさは自分に合わせて変えても、別紙に書き出しても構いません。**

是非お試し下さい。

振り返り記録シート

記入日　　/　　/

	記録	気づき	応用
【目をつける】			
1. 出来事	何が起きた？	何を知りたい？	応用できそうなことは？
【掘り下げる】			
2. 経緯	始点〜過程〜終点	経緯を見てどんなことに気づく?	左の気づきを応用するとしたら?
3. 結果	結果はどうなった？	結果を見てどんなことに気づく?	左の気づきを応用するとしたら?
4. 洞察	経緯と結果をどうとらえる？	洞察を見てどんなことに気づく?	左の気づきを応用するとしたら?
5. 要因	何が原因だった？ どんな要因があった？	要因を見てどんなことに気づく?	左の気づきを応用するとしたら?
【引き出す】			
6. 総括	結局、なんだった？	総括してみてどんなことに気づく?	左の気づきを応用するとしたら?
7. 要約	要するに、どういうこと？	要約してみてどんなことに気づく?	左の気づきを応用するとしたら?
8. 教訓	将来に活かせる教訓は？	教訓を見てどんなことに気づく?	左の気づきを応用するとしたら?

作品制作による振り返り

振り返りのプロセスの後半は「引き出す」です。掘り下げたことによって新しい知恵や価値を引き出すのです。

「引き出す」ことによって生み出されるものは、さまざまな形態を取り得ます。新商品、新サービス、新オペレーション（業務手順）など。

仕事でなくても構いません。得られた知恵や価値によっては、芸術的な表現がふさわしいこともあるのです。

たとえば強烈な感情を引き出したとしましょう。怒り、悲しみ、悦び、笑いなど……。それを業務手順に表現しろというのは無理な話です。

その感情をメロディとリズムで表現して、歌をつくるということもできます。その激しい感情を表現するお芝居や小説を書くこともできるでしょう。詩にしてもいいでしょう。

商業と切り離したとき、芸術は私たちの表現手段であることを再確認させてくれます。**「振り返り」によって引き出されたさまざまな感情や思考は、適切に表現することで昇華されます。**表現の出口を求めてさまよわせてしまってはもったいないのです。

下手とか上手などという評価を気にせず、あなたの手段として芸術をとらえ、思いっきり表現してみてはいかがでしょうか。

暮らしの節目で振り返る

私たちは、日々の暮らしの中で節目が来るたびに、自らを振り返るようにすると、振り返りをし損なうことがなくなります。

時間の流れは途切れなく、つかみどころがありません。そこで人類は、暦《こよみ》をつくり、生活環境に合わせた行事をつくり、節目をつけることで取り扱いやすいように工夫してきたのです。

振り返りの重要性を理解したなら、あえて年中行事や仕事の節目を振り返りのために活用していきましょう。

学校時代であれば、さまざまな行事のみならず、定期考査があり、その都度、学習内容の理解度や回答能力などが採点され、成績としてフィードバックをされてきました。

企業で働いている方も、年度ごとの人事評価や査定もあれば、四半期、半期の面接などもあるでしょう。人事考課や賃金制度によって、その働きを評価されてきました。

当然教師が生徒を評価したり、企業が従業員を評価するという側面はあります。しかし、本当はそれだけではありません。振り返りの観点からすれば、生徒や働く人が自らを振り返るタイミングでもあるのです。

多くの方は振り返りの大事さを知らないために、単なる評価としか理解せず、「人生をよりよくするための振り返りのチャンス」とはしていないのです。それはとてももったいないことなのです。

評価や査定は、他人からの評価です。他人がどう思うのかをコントロールすることはできません。自分のことは自分で振り返りましょう。

過去の成績がいいとか悪いとか、感じるところはあるにせよ、何ができて何ができなかったのかを理解し、**できているところを未来に活かし、できていないところを未来で補おうと思えばよいのです。**

人生は旅の途中

昔から人生は旅にたとえられてきました。人生の旅は、誕生から始まって死で終わります。その始まりの日の記憶はなく、終わりの瞬間に意識があるのかは不明です。私たちはいつしか生まれ、いつしか去ってゆく。この世にいる時間は、旅先の一宿一飯に過ぎないのかもしれません。

もしも人生が「今」の連続であるならば、いつでも方向転換ができるはずです。それなのに私たちは、過去がこうだったからという思い込みに縛られて、「今」という時間において身動きできなくなったり、未来への不安から、何も行動できなくなったりします。

だからこそ、過去を振り返る必要があるのです。しっかりと過去を振り返り、認識したら、過去はあなたを縛っていたその力を緩めるでしょう。振り返るからこそ、現在のあなたにとって必要な知恵が浮かびあがってくるのです。むしろ、遊び心を持って探求すれば、過去はあなたの力強い味方になってくれます。

「振り返り」は、あなたの視野を広げ、可能性を広げます。そしてますます自由になり、あなたはあなたらしい人生を生きていくことができます。

あなたは、ほかの誰でもない、あなたなのです。あなたらしい自由を生きていって下さい。それが人類に対する最大の貢献です。

おわりに

最後までお読みいただき、ありがとうございます。日々の「振り返り」があなたの人生をますます輝かしいものにしてくれることを願ってやみません。

本書の締めくくりに、詩を贈ります。

振り返り

過去を振り返ることで、過去から自由になり、
現在を振り返ることで、現在から自由になり、
未来を振り返ることで、未来から自由になる。

社会を振り返ることで、社会から自由になり、

他人を振り返ることで、他人から自由になり、
自分を振り返ることで、自分から自由になる。

原因を振り返ることで、原因から自由になり、
影響を振り返ることで、影響から自由になる。

成功を振り返ることで、成功から自由になり、
失敗を振り返ることで、失敗から自由になる。

自由とは、自らに由来すること。
それはつまり、
自分以外の何ものでもない自己になること。

「振り返る」という単純な行動が、あなたの中から知恵と価値を引き出し、輝かしい未来を生み出します。行きたい未来の世界も、あなたのこれまでの人生経験から生み出されるのです。

あなたの未来はあなたのためにあります。本当はどうありたいのか、どう過ごしたいのか、そんなことを「振り返り」を通じて探求していって下さい。

本書の執筆を振り返ってみますと、実にたくさんの方々の知恵と手助けをいただきました。お一人ずつのお名前を挙げることはできませんが、皆さまのお力添えがなければ、この本を書きあげることはできませんでした。心より感謝しております。

本書があなたらしい人生をさらに一歩進める起爆剤となるのなら、これに勝る悦びはありません。

本書のご感想やご意見、学べたこと、チャレンジしたことなどをお気軽にご連絡いただけたら、天にも昇るほど嬉しいです。gonmatus@gmail.com までどうぞ！

あなたからいただくメールは、私の今後の活動を支えるエネルギーです。
あなたの率直なご感想を心よりお待ちしています。あなたの今後のますますのご活躍とご健康とご多幸を、心よりお祈り申しあげます。

平成29年12月吉日

夢実現応援家®　藤由達藏

【著者紹介】

藤由達藏（ふぢよし　たつぞう）

株式会社 Gonmatus 代表取締役。夢実現応援家®

●略歴

「人には無限の可能性がある」。夢実現応援家® としてビジネスパーソンの業績向上をサポートし、「やる気が出る！」研修や講演は企業や労働組合の好評を得ている。

1991 年早稲田大学卒業後、文具・オフィス家具メーカー PLUS に入社。営業職、本部企画職、全プラス労働組合中央執行委員長等を経て、2013 年 9 月に独立。コーチングを核に、各種心理技法や武術、ヘミシンク、労働組合、文芸・美術・音楽創作等の経験を統合し、「気分と視座の転換」を重視した夢実現応援対話技法を確立。2016 年 9 月、株式会社 Gonmatus を設立。夢実現応援家® を養成し、全国のビジネスパーソンの夢実現を応援している。

著書に『結局、「すぐやる人」がすべてを手に入れる』（青春出版社）、『自分になかなか自信をもてないあなたへ』（アスコム）などがある。

● Web サイト

株式会社 Gonmatus	⇒	http://gonmatus.ocnk.net/
著者オフィシャルサイト	⇒	http://kekkyoku.jp/
無料特典動画セミナー登録サイト	⇒	http://kekkyoku.jp/frikaeri/

●著者メールアドレス　⇒　gonmatus@gmail.com

過去の自分を振り返る人だけが成功する理由

藤由達藏 著

2017年 12月 20日初版発行

編　集－原　康明
編集長－太田鉄平
発行者－梶本雄介
発行所－株式会社アルファポリス
〒150-6005 東京都渋谷区恵比寿4-20-3 恵比寿ガーデンプレイスタワー5F
TEL 03-6277-1601（営業）03-6277-1602（編集）
URL http://www.alphapolis.co.jp/
発売元－株式会社星雲社
〒112-0005 264東京都文京区水道1-3-30
TEL 03-3868-3275
装丁・中面デザイン－ansyyqdesign
印刷－中央精版印刷株式会社

価格はカバーに表示されてあります。
落丁乱丁の場合はアルファポリスまでご連絡ください。
送料は小社負担でお取り替えします。

ISBN 978-4-434-24131-4 C0030